子どもの育ちを支える

保育の計画と評価

Chosei Shibata　　Hiroko Ohmori
柴田長生・大森弘子 編著

北大路書房

はじめに

　2017年の「保育所保育指針」の改定等を受け、2019年から保育士養成施設におけるカリキュラムが大幅に変更されました。また、2019年には教育職員免許法及び同法施行規則の改正があり、幼稚園教員免許取得に関して、修得すべき科目内容が、国語・算数などの教科科目から、保育5領域に関する学修へと大きく変更されました。そして、「幼小接続」について、「幼児期の終わりまでに育ってほしい姿（10の姿）」ということが、小学校教育においても、幼児教育・保育においてもさらに重視されるようになりました。

　このように、保育者養成のあり方が大きく変更されるにあたり、従来の保育士養成課程における「保育課程論」という科目は、「保育の計画と評価」という科目に変更されました。そしてここで、「保育の計画と評価」を学ぶということは、上に述べた幼児教育・保育の今日的な潮流のエッセンスを学ぶことにほかなりません。私たちは、新たな保育者養成に資するために、本書が役立つことを願っています。

　改定指針の原案を作成した国の保育専門委員会の委員長であった汐見稔幸氏は、『保育所保育指針ハンドブック』（学研教育みらい，2017）の中で、「今回の改定では、保育所保育指針、幼稚園教育要領、幼保連携型認定こども園教育・保育要領の幼児教育に関する記載がほぼ共通化されました」と述べています。本書は、主に「保育所保育指針」に準拠して執筆しましたが、幼稚園や幼保連携型認定こども園の学びについても、十分に耐えうる内容になっています。

　当たり前のことですが、幼児教育・保育の主人公は子どもです。ですから「保育所保育指針」に示されている保育で営むべき「保育内容」を、保育の主体である子ども（子どもの育ち）にも焦点を当てて理解することがとても大切です。そのために、子どもの発達における時系列的変化や、ある時期におけ

る「異なる発達領域（例えば、身体発達と言語発達や、事物の認識・操作の発達など）」の相互関連を意識しながら、個々に異なる一人ひとりの今の発達と、次に獲得すべき発達領域でのテーマなどへの理解を踏まえた「子どもの育ちのための営み」を「保育内容」として捉えます。そしてそのような視点から保育実践を営むことで、一人ひとりの子どもが主人公となる、日々の保育現場での「保育の計画と評価」が実現できるのだと考えています。

　乳幼児期の発達的な変化はその進展が急速で著しいです。そして、「保育所保育指針」に書かれている乳児期の記述や、小学校期への接続の見通しなども、子どもの発達を時系列に沿った、全体的な一連の「発達過程」として理解する時に、初めて子どもの全体像として見えてきます。

　「保育の計画と評価」においては、保育内容（保育の営み）を「縦糸」、個々の子ども理解（知見）を「横糸」に取ることで、縦横の総合（＝全体構造）として、一人ひとりの子どもを主人公とする、一人ひとりの子どもの育ちを見失わない「保育の計画と評価」を導くことができます。そうすることで、次の「小学校期」への接続の意味もより明確に見えてきます。

　このような学びをしてほしいために、本書では個々の子どもの発達や、子どもをめぐる背景などを理解するための章を設定しました。この点が本書の大きな特色です。連続する子どもの育ちの様子（ミクロな内容）の理解と把握によって、「保育所保育指針」で述べられている保育の営みの内容（マクロな内容）の意味や実相を充填するように理解することで、「『保育内容』の質的理解の充実」を果たし、個々の子どもの育ちの全体を、「保育の計画と評価」の中で絶えず見失わないようにすることが大切です。

2022 年 1 月

柴田長生

はじめに

● 資料　指導案

第 **1** 章

保育の計画と評価の考え方

 この章のポイント ・・・・・・・・・・・・・・・・・・・・・・・・・・・・・・

● 保育所保育指針、幼稚園教育要領、幼保連携型認定こども園教育・保育要領
　についてその概要を理解する。

● 保育の計画と評価の本質について、子どもの権利条約や保育所保育指針に
　則って理解する。

● 個々の子どもの育ちを総合的に支えるために、保育所以外の子ども関連諸制
　度や子ども関連諸機関との連携を重視して保育の計画と評価を行うことが不
　可欠であることを学ぶ。

・・

1. この科目の位置づけ

　これから「保育の計画と評価」について、順を追って一緒に学んでいきましょう。まずこの科目の位置づけとねらいについて考えましょう。幼稚園教員養成課程については文部科学省が、保育士養成課程については厚生労働省が定めています。そして、そのいずれもが乳幼児期の教育・保育に関する専門職を養成することから、2019 年には幼児教育部分に関して、主に保育 5領域から構成される「保育内容」を中心に据えた、養成カリキュラムの大幅な変更がなされました。

　保育士養成課程の場合を例に取りますと、この科目は元々「保育課程論」という名前でしたが、「保育の計画と評価」という名前に変わりました。保育所保育指針の改定に伴い、厚生労働省は 2018 年に「指定保育士養成施設の指定及び運営の基準について」という通知を発出し、その中で保育士養成課程のために設置すべき科目群が規定されています。科目名称の変更はこの中で行われました。また同通知は、設置科目だけでなく、教科目の教授内容の標準的事項（目標および内容）についても定めており、「教授に当たる際の参考とすること」とされています。定められた「保育の計画と評価」に対する「目標」は以下の通りです。

　　1　保育の内容の充実と質の向上に資する保育の計画及び評価について
　　　　理解する。
　　2　全体的な計画と指導計画の作成について、その意義と方法を理解す
　　　　る。
　　3　子どもの理解に基づく保育の過程（計画・実践・記録・省察・評価・
　　　　改善）について、その全体構造を捉え、理解する。

　これだけではわかりにくいですが、本書では第 3 章以降の部分が、上に示した教育目標に関して具体的に学ぶべき内容に該当します。日々の保育実践は、保育の計画と評価によって構成されます。

　それでは、そもそも幼児教育や保育の大きな意義や目標は何なのでしょうか。それらの根本理念と基本方針を示したのが、「保育所保育指針」「幼稚園教育要領」「幼保連携型認定こども園教育・保育要領」です。3 つの指針・要領が別々に存在するのは一見不合理に見えるかもしれません。保育所・幼稚園・幼保連携型認定こども園はそれぞれ別の制度による施設であり、国における管轄省庁も異なっています。しかしそれらの制度の成立過程に着目すると、現代の少子化の潮流の中で、「子育て支援」を基調とする「子ども・子育て支援新制度」が制定され、その中でそれぞれの制度は「統合的な乳幼児期の保育・教育制度」として全体構造の中に位置づけられました。そして上に述べた 3 つの指針・要領は、このような経過の中で幼児教育の共通目的を定めた上で管轄省庁が歩み寄り、2017 年に大きな改定（訂）が行われました。

　この内容は「保育原理」「子ども家庭支援論」や、幼稚園教育養成課程の「教育制度」「教育課程」に関する授業などで詳しく学びますが、ここでは主に「保育所保育指針」に焦点を当てて、指針における保育の計画と評価の考え方について学びましょう。

2. 保育の計画と評価の本質：保育所の役割から考える

　先に述べた 3 つの指針・要領に対して、関係省庁によってそれぞれ別の解説書が作成されています。保育者にとってこれらの解説書は必携ですから、手元にそろえておきましょう。ここでは、その中から「保育所保育指針解説」（厚生労働省, 2018a）を主に取り上げます。「保育所保育指針解説」の第 1 章（総則）の 3 は「保育の計画及び評価」にすべて充てられていますので、まずは

ざっと通読してみてください。

指針本文の「計画及び評価」の箇所は、以下の記述から始まります（下線は筆者による）。

> ア　保育所は、1の（2）に示した<u>保育の目標を達成</u>するために、各保育所の保育の方針や目標に基づき、<u>子どもの発達過程を踏まえて</u>、保育の内容が組織的・計画的に構成され、保育所の生活の全体を通して、総合的に展開されるよう、全体的な計画を作成しなければならない。

自明のことですが、保育は指針が示す保育の目標を達成するために具体的に計画され、保育の目標が達成されたかを評価しなければなりません。本書では第4章で「保育所における保育の計画」について、第5章で「幼稚園・幼保連携型認定こども園における保育の計画」について、第7章で「保育の評価」について詳細に取り扱っています。ここでは保育の計画と評価を行う際に基盤となる事柄の理解のために、保育の目標の実現を目指す保育所の役割についてまず考えてみましょう。保育所の役割については、指針の冒頭部分に記述されています。少し長くなりますが、とても重要なので全文引用します（特に重要だと思われる部分については、下線をつけています）。

1　保育所保育に関する基本原則
（1）　保育所の役割
ア　保育所は、児童福祉法（昭和22年法律第164号）第39条の規定に基づき、保育を必要とする子どもの保育を行い、その健全な心身の発達を図ることを目的とする<u>児童福祉施設</u>であり、入所する<u>子どもの最善の利益を考慮</u>し、その福祉を積極的に増進することに最もふさわしい生活の場でなければならない。

　イ　保育所は、その目的を達成するために、保育に関する専門性を有する職員が、<u>家庭との緊密な連携</u>の下に、<u>子どもの状況や発達過程を踏まえ</u>、保育所における環境を通して、<u>養護及び教育を一体的に行う</u>ことを特性としている。

　ウ　保育所は、入所する子どもを保育するとともに、<u>家庭や地域の様々な社会資源との連携</u>を図りながら、入所する子どもの<u>保護者に対する支援</u>及び地域の<u>子育て家庭に対する支援</u>等を行う役割を担うものである。

　エ　保育所における保育士は、児童福祉法第 18 条の 4 の規定を踏まえ、保育所の役割及び機能が適切に発揮されるように、倫理観に裏付けられた専門的知識、技術及び判断をもって、<u>子どもを保育するとともに</u>、子どもの保護者に対する保育に関する指導を行うものであり、その職責を遂行するための<u>専門性の向上</u>に絶えず努めなければならない。

　保育所は児童福祉のための専門機関ですから、「子どもの最善の利益への考慮」が書かれています。ちなみに、子どもの権利条約にこの規定がなされています（第 3 条第 1 項）。同じく第 6 条の「生きる権利・育つ権利」の保障ということもまた根源的な理念（権利）です。幼稚園は教育機関ですが、幼稚園の主人公も子どもなので、上記のことに変わりはありません。教育も保育も子どもの育ちを実現するための（権利保障のための）手段です。そして「子ども家庭支援」ということが教育・保育の大きな役割の一つになります。

　子どもへの直接的な教育・保育はもちろん最大のテーマですが、それぞれの子どもは様々な状況下におかれ、様々な保護者の元で育ちます。特に乳幼児期の子どもは、決してひとりでは育ちません。保護者や家庭の状況によって、子どもの育ちは大きく左右されます。だからこそ、「子ども家庭支援」が重要であり、「（保育所もまた）家庭や地域の様々な社会資源との連携」が

大切であると強調されます。

　2016年の児童福祉法改正において、改正の柱の一つに「切れ目ない支援」という枠組みが提示されました。妊娠・出産・子育てと続く一連の「子どもが生き育つための営み」に対して、医療・保健・福祉・教育などの様々な専門機関と専門職が手を携えていくことが、今日ではますます重要になってきています。子どもたちが毎日通う幼稚園や保育所は、この子どもの育ちのための「切れ目ない支援」を大きく実現できる主要な専門機関なのですが、子どもを支える専門機関はそれだけではありません。被虐待児、ひとり親家庭の子ども、障がいが疑われる子どもなどへの支援や保育などを考えれば、関係機関が手を携えることの重要性がわかるでしょう。一人ひとりの子どもを大切にする、よりよい保育の計画や評価は、このようなことの理解や関係者の連携によって初めて実現できるのです。

2節　保育の計画と子ども家庭支援

1. 子どもの最善の利益の理解

　1節で保育所の役割について、「子どもの最善の利益への考慮」「生きる権利・育つ権利」の保障をしていくことであり、その実現のためには、保育所内の保育だけではなく、「子ども家庭支援」が大切であるとお伝えしました。そして、そのために「家庭や地域の様々な社会資源との連携」をしていくことの必要性についても取り上げました。ここでは、これらの事柄についてもう少し詳しく見ていきましょう。

　「子どもの最善の利益の考慮」は保育所だけではなく、子どもの福祉に関係する諸機関が掲げています。では、具体的には「子どもの最善の利益」を考慮する際、どのような点を見ていけばよいのでしょうか。

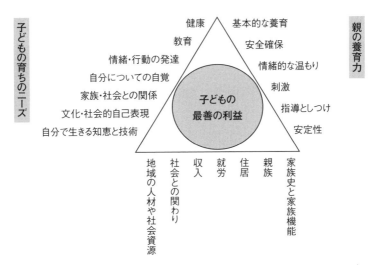

図 1-1　アセスメントのための枠組み（Department of Health et al., 2000）

　岡山県（2010）は、子どもと親、その家族と子どもの支援者が協働してアセスメントを行うことができる「『子どもが心配』チェックシート」を作成しました。このチェックシートは、「子どもの最善の利益」を以下の3つの側面から見ていきます。

①子どもの育ちのニーズが満たされているか。
②親の養育力はどうか。
③家族と環境面はどうか。

　図1-1は、岡山県の「『子どもが心配』チェックシート」に引用された、イギリス保健省が2000年に作成した「アセスメントのための枠組み図」です。
　図中の「子どもの育ちのニーズ」の側面の「情緒・行動の発達」のポイントでは、子どもが成長するに伴い、親や養育者やその他の人への感情や行動で表す反応がどうかを見ます。愛着の程度や質、性格気質の特徴、環境の変

化への適応、ストレスへの反応・自己規制がどの程度できているかなどが含まれます。

また、「親の養育力」の側面の、「基本的な養育」のポイントでは、子どもへの基本的な生活（食事や飲み物、住居、清潔で適切な衣服、衛生の確保など）のケアが提供できているか、また、子どもの健康状態、発育および発達に応じて必要な健診や医療を受けさせているかを見ていきます。「安全確保」のポイントでは、子どもが危害や危険から守られるように気をつけているかどうかを見ています。

「家族と環境要因」の側面の中の「社会との関わり」のポイントでは、家族が近所付き合いや知人、友人や地域などとどのように関わり、それが子どもや親にどういう影響を与えているのか、困った時に支援してくれる人はいるのかを見ていきます。それぞれのポイントについては、岡山県が作成した冊子に詳しく書かれていますのでぜひ読んでみてください。

それから、この三角形の3側面はお互いに影響を及ぼしています。例えば、家族の収入が激減したり、仕事を失ったりした場合です。これは「家族と環境要因」の側面ですが、このような状況になると保護者のストレスは増し、「親の養育力」の側面の「基本的な養育」や「情緒的な温もり」等にもマイナスの影響を与えるかもしれません。そして、それらは、「子どもの育ちのニーズ」の側面に影響を与えていきます。子どもの虐待が深刻な社会問題となっていますが、その要因は様々です。このように、多様な視点から子どもと家庭を見ていく力を養っていきましょう。

また、これらの側面やそれぞれのポイントを見ていく時には、子どもや家族の「困難」さだけではなく、「強み」にも注目することが大切です。私たちは問題が起こると、ついついマイナスな側面に注意を向けがちなところがありますが、あるポイントに困難を抱えたとしても、それを補うポイントがあるかもしれません。子どもや家庭のうまくいっているところ、工夫をしているところ（＝強み）にも目を向けていきましょう。

　「子どもの最善の利益」のために、子どもだけではなく、子育て家庭への支援が必要であることが理解できたと思います。子どもや家族の「強み」を活かし、「困難」な点には、適切な支援を行っていく視点を持って、子どもの保育の計画や評価を行うようにしましょう。

2.　家庭や地域の様々な社会資源との連携：切れ目ない支援

　図 1-2 は厚生労働省（2018b）から出された、子どもに対する必要な地域での支援体制のイメージ図の抜粋です。妊娠期から子育て期を通しての切れ目ない支援と、子育て家庭の状況に合わせた支援を行うために、「子育て世代包括支援センター（母子健康包括支援センター）」はすべての妊産婦や乳幼児とその保護者を包括的に支援するために整備されてきています。

　図 1-2 の左端にはリスクの程度が示されています。リスクに合わせて、特により専門的な支援を必要とする家庭の場合には、「市区町村子ども家庭総合支援拠点」や「児童相談所」が支援を担います。

　図の右側にある「要保護児童対策地域協議会」は子どもを守る地域のネットワークです。虐待を受けた子どもなどの要保護児童、要支援児童、特定妊婦への支援のために関係機関が情報の交換や支援の役割分担を行うために協議する場です。児童相談所、学校、医療機関、民間支援団体などの、地域にあるたくさんの要保護児童対策調整機関がこのネットワークに関わっています。

　保育所や幼稚園、認定こども園は、要保護児童対策地域協議会によって「見守り対象」と認定された子どもたちもまた通う機関であり、子どもや家庭の日々の様子が継続的に確認できる大切な機関です。子どもを家庭で養育することが困難な場合に、公的責任で保護者に代わって（保護者の不足分を補って）社会的に子どもを養育することを社会的養護と言います。保育所も社会的養護を担う大切な機関です。

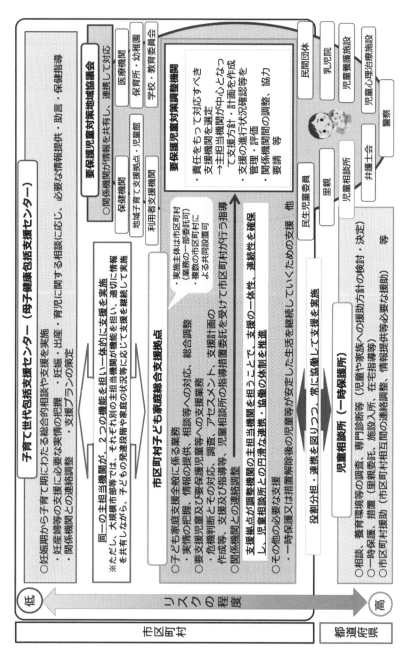

図 1-2　子どもに対する必要な地域での支援体制イメージ（厚生労働省. 2018b）

　施設や里親も地域のネットワークの一員です。子どもの育ちを支えるためには、子どもや家庭に関わる各機関の役割や機能を知り、適切な連携・協働を進める必要があります。保育所へは、図 1-2 に示された様々な支援を受けている子どもが同時に並行して通ってきます。保育所は、それらの関係機関・関係者と連携して保育の計画を考えていく必要があるので、子育て支援の制度や体制についても理解を深めていきましょう。保育所もまた、関係機関と連携して日々の保育を切れ目なく行うことで、親子に一番近いところで子どもや家庭の「安心・安全」を創成していくのです。

■ 引用・参考文献 ────────

Department of Health et al. (2000) *Framework for the Assessment of Children in Need and their Families.* London: The Stationery Office. p.1.
厚生労働省（2018a）「保育所保育指針解説」平成 30 年 2 月
　　https://www.mhlw.go.jp/file/06-Seisakujouhou-11900000-Koyoukintoujidoukateikyoku/0000202211.pdf（2021 年 5 月 7 日閲覧）
厚生労働省（2018b）厚生労働省子ども家庭局：市町村・都道府県における子ども家庭総合支援「体制の整備に関する取組状況について」（追加資料）
　　https://www.mhlw.go.jp/content/11920000/000444962.pdf（2021 年 5 月 7 日閲覧）
厚生労働省雇用均等・児童家庭局長通知（2018）指定保育士養成施設の指定及び運営の基準について（平成 30 年 4 月 27 日一部改正）
　　https://www.hoyokyo.or.jp/http:/www.hoyokyo.or.jp/nursing_hyk/reference/30-2s1.pdf（2021 年 6 月 12 日閲覧）
岡山県（2010）「子どもが心配」チェックシート（岡山版）平成 22 年度改訂
　　https://www.pref.okayama.jp/uploaded/life/287408_1109575_misc.pdf（2021 年 5 月 7 日閲覧）

第 2 章

子どもの育ちと「保育の計画と評価」

この章のポイント . . . .

● 個々の子どもの発達過程に配慮した保育の計画と評価を行うために、子ども
　の発達理解に関する様々な視点を系統的に学ぶ。

● 保育の計画と評価において個々の子どもの発達過程を知るために、発達評価
　尺度を使用することの意義を理解し、評価尺度を使用することができる。

. . . .

1.「発達過程を理解する」ということ

　保育所保育指針第 1 章の 3「保育の計画及び評価」の中には、「子どもの発達過程を踏まえて」という記述が見られます。乳幼児の発達過程については、「保育の心理学」や「乳児保育」などの科目で詳しく学びます。ここでは「保育の計画と評価」という領域に引き寄せて、保育者にとって非常に大切な「子どもの発達過程を理解する」ということについて考えてみましょう。

　例えば、保育所保育指針解説における「発達過程」の箇所（p.14）には、以下のことが書かれています。

　　　保育所保育指針においては、子どもの発達を、環境との相互作用を通して資質・能力が育まれていく過程として捉えている。すなわち、ある時点で何かが「できる、できない」といったことで発達を見ようとする画一的な捉え方ではなく、それぞれの子どもの育ちゆく過程の全体を大切にしようとする考え方である。そのため、「発達過程」という語を用いている。

　　　保育においては、子どもの育つ道筋やその特徴を踏まえ、発達の個人差に留意するとともに、一人一人の心身の状態や家庭生活の状況などを踏まえて、個別に丁寧に対応していくことが重要である。

　また保育の方法に関して、保育指針第 1 章の 1「保育所保育に関する基本原則」には以下の記述があります。

　　（3）　保育の方法
　　ウ　子どもの発達について理解し、一人一人の発達過程に応じて保育す

　　　ること。その際、子どもの個人差に十分配慮すること。

　引用した箇所は、非常に奥深い内容を端的に表しています。とりわけ乳幼児期は人生の中で一番大きく変化する時期であり、個人差の著しい時期です。そして、それらのことをよく踏まえながら、保育者として今引き受けている子どもたち一人ひとりを大切にする保育の計画や評価を行わなければなりません。このような乳幼児期の発達をどのように理解すればよいのかについて考えていきましょう。

2. 子どもの育ちを理解する様々な視点

　子どもの発達を理解するには、その育ちの姿の変化や内容・意味などを、時間経過の中で捉えて考えることがとても大切です。特に乳幼児期には、多方面にわたる著しい経時変化が見られます。変化する子どものその時々の姿を、素朴に「育ち」ということができます。保育者として、個々の子どもの「育ち」を受け止め、理解する際に、次に述べる様々な見方・捉え方を理解してください。

(1) 子どもの育ちを「3つの変化」に分けて捉える

　子どもの発達を捉える際に、①個人内・個体内で生じる変化、②個人間で生じる変化、③社会内・子ども集団などで生じる変化、という3つの変化のタイプに分けて捉えてみましょう。①の例としては、身体機能の成熟などが典型的な例です。障がいの有無などもこの中に含まれるでしょう。②の例としては、親子間でのやりとりの育ちなどがあげられます。言語発達や自我の形成、あるいは愛着の形成などもこの中で捉えることができるでしょう。③の例では、群れて遊ぶ、仲間形成や所属意識・仲間形成などが含まれるでしょう。①②③はいずれも子どもの育ちにおける諸側面なのですが、子どもの育

ちにおける意味合いが随分異なります。子どもの育ちをこのような「3つの変化」として捉え直し、それぞれの時期における子どもの育ちにおいて、「3つの変化」がどのように関連しあって育ちが実現されるのかを見てみることで、子どもの成育像が立体的に見えてきます。

(2) 育ちを発達領域別に捉える

　子どもの育ちを、発達領域別に理解することは当たり前になされています。「運動発達」「言語発達」「情緒の発達」などと表現される、子どもにおける育ちの領域です。乳幼児期の育ちにおいて、どのような育ちの領域が考えられるでしょうか。この詳細な内容については、「保育の心理学」などの科目で詳しく学びます。そこでの学習成果も踏まえて、0歳から6歳までの子どもの育ちの全体像を、育ちの領域別・年齢別に素描でき、その成長像を説明できるような基礎知識を身につけましょう。そのことと、子どもたちに提供する保育内容は強く関連しますし、保育の計画の大枠の決定において大切な知見になります。また、先に述べた「3つの変化」は、育ちの領域の特性とかなり関係していることも理解できるでしょう。

(3)「個人差」を理解する様々な視点

　(1)と(2)で見てきたような育ちの実現は、子どもたちにおいて一様ではありません。育ちの姿やその道筋は、それぞれの子どもでかなり違います。一般的には「個人差」と呼ばれますが、「個人差」を形成する背景はそれほど単純ではありません。そして、個々の子どもを理解するには、その子独自の育ちの背景について個別に理解する必要があります。

　まず、子どもが獲得すべき「育ちの内容」にもいくつかのタイプがあるということについて考えてみましょう。図2-1は「育ちの内容」のタイプの違いを示した模式図です。A・Bはそれぞれ同じ時期に獲得するとされる「育ちの内容」です。図2-1の縦軸は、その月齢の何パーセントの子どもがその

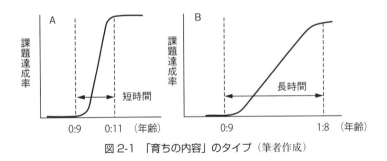

図2-1 「育ちの内容」のタイプ（筆者作成）

能力を出現させたかという「課題達成率」を表しています。横軸は月齢を示しています。Aの内容は、９か月頃からその育ちが見られ始め、11か月になるとほとんどの子どもがその能力を獲得します。それに対してBの内容は、９か月頃からその育ちが見られ始めるものの、ほとんどの子どもがその能力を獲得するのは１歳８か月になります。例えばAの例としては「指先で小さな玉をつまむ」、Bの例としては「初めて言葉を話し始める」ということが当てはまります。子どもの育ちの内容には、模式的に示したこのようなタイプの違いがかなり多く見られることにまず着目しましょう。

　それでは、AタイプとBタイプで何が違うのでしょうか。先に説明した(1)と (2) の視点をあてはめて考えると、異なった分類・理解ができるかもしれません。このように、子どもの育ちの全体像には、かなり異なった背景が混在して、発達の全体像を形成しているところにまず着目しましょう。

　Bタイプの発達内容では、例えば「言葉（発達）の早い子ども・遅い子ども」というような評価や心配がよく見られます。しかし、言葉の話し始めが１歳６か月の子どもは、その後も「言語発達が遅い」とは必ずしも言えません。なぜなら、言葉の発達は個人差が大きく、一時的な遅速や、進歩と後退の繰り返しがあるからです。例えば９か月で話し始めた子と１歳６か月で話し始めた子はどう違うのでしょうか。誤解を恐れずに言い切ってしまうなら、「１歳前後の、発語に関する身体機能の成熟の遅速」が背景にあったのかも

しれません。これはこれで、この時期の「個人差」と言えるでしょう。しかし、話し始めの遅い子が、この先も「未成熟な子、成熟の遅い子」とは限りません。ヒトとして初期であり、未熟な時期である乳幼児期では、このような「成熟がゆっくりと進む」ことがよく見られます。この時期の発達理解のために、「成熟」ということに着目してみましょう。

　しかし問題は、このような「早い・遅い」が、子どもを育てる側の心配につながることです。さらに、Bタイプの育ちの内容において、1歳8か月を過ぎてもまだ実現しない場合に、どこまでを許容範囲として見守ればいいのかということがあります。話し始めが2歳を過ぎた子どもが、就学する頃には他児と変わらない育ちを示すこともよく見られるのですが、「発語の遅れ」が何らかの障がいの兆しである場合もあるので難しい問題です。ここでは、乳幼児期の「成熟速度の個人差」は、その後の成長との結果とは関係なく、この年齢期の特徴として結構よく見られることだということをまず認識しましょう。

(4) 様々なアンバランスさ

　個人差の問題として、「活発な子・おとなしい子」ということもあるでしょうし、運動能力と言語能力を比べた場合に「運動能力のほうが優れた子・言語能力のほうが優れた子」という差異もよく見られます。これらのことは、先に述べた (1)(2) の視点において、どの部分が優位な子なのかという視点から、「個人差への理解」として受け止めるのがいいかもしれません。個性であるということもできるでしょう。

　しかし問題なのは、その程度の差では収まらない「アンバランスさ」が見られた場合でしょう。いわゆる正常発達ということを考える場合に、例えば、1歳過ぎの頃には、一人で歩き始め、物を介して他者とやりとりして遊ぶことができ、言葉を話し始めます。子どものこんな姿を見て、「この子はよく成長している」と受け止めます。しかし、なぜこの頃になると、運動領域で

は歩き始め、対人関係や対物操作の領域では物を介して他者とやりとりができ、言語領域では話し始めるという育ちが見られるのでしょうか。それが子どもの育ちとして当たり前なのだと言ってしまえばそれまでなのですが、先述の３つの領域での育ちが１歳過ぎに同期（synchrony：同時性）してこの時期の育ちとして実現することは、考えてみれば不思議なことです。

　子どもたちの中には、運動領域の育ちだけがかなり遅れる子がいます。このような成長像はかなりアンバランスですし、各領域での育ちが非同期（asynchrony：同期しない）ということもできます。子どもを育む側の大人は当然心配します。「発達の遅れ」が当然疑われるでしょう。

　そして、「アンバランス」を形成する背景に様々な要因が存在します。現在見られている「アンバランスな（非同期な）発達像」が、その子特有の成熟の大きな遅速の問題と関係する場合があります。乳幼児期は発達の初期の段階であり、ある育ちの領域の成熟だけが極端に遅くなる場合があります。そして数年かけて他児と変わらない状態にまで育つ子どももいるのです。この場合には、本質的な遅れや障がいとは言えないのですが、成熟するまでの間はかなり心配です。

　しかし逆に、成長と共にアンバランスさが目立ってくる場合があります。詳述はしませんが、「発達障害」周辺のこととして現在注目されているような子どもたちです。この場合には、それぞれの子どもの「強み」と「弱み」を評価して、それに応じた保育の計画を立てることが大切になります。

　最後に、現在見られる「育ちのアンバランスさ」の背景に、多くの子どもたちとは異なる成長像がしだいに明確になる場合があります。言葉を換えると「育ちの特異性」が明確になる場合です。様々な「育ちの特異性」に対して、「障がい」という診断や概念が援用され、各々の場合に応じた専門的な支援が必要となります。しかし、障がいを有する子どもたちの育ちを理解する場合に大切なことは、このような「生育上の特異なアンバランスさ」を有しながらも、これまで述べた子どもの育ちの過程を一人の子どもとして歩み続け

ることには何ら変わりはありません。保育の立場においては、それらの子どもについても「一人の子どもの成長」として受け止めることが極めて大切です。

　上に述べたことは、保育者が一人だけで判断・評価するのは極めて難しいので、専門医・保健師・公認心理師などとの連携によって、それぞれの子どもを経時的に見守り続け、日々の保育を計画し、展開しましょう。

3. 子どもの育ちを支える基盤と、2つの育ちの世界

　「愛着形成」という言葉がよく聞かれます。小さい子どもの場合に、保護者から絶対的に受け止められ、慈しみを受けることで、子どもの中に「基本的安心感」が形成され、一対一の関係の中で育ちの時期に応じた様々なことを経験・学習し、そのことが子どもの育ちを底支えします。「愛着障害」という言葉もよく聞かれますが、例えば、ひどい虐待を受けた時に、精神的な育ちはもちろんのこと、身体的な成熟（身長・体重の増加など）も一時的に停止することがあります。子どもは決して一人では育たないということを、まずは肝に銘じてください。

　しかし、我が子に愛情を注ぐ保護者が、自分が子どもの頃に保護者から愛情を注がれていなかった場合に、我が子をどのように受け止めていいのかわからなかったり、拒否してしまう場合も少なくありません。保護者自身の「基本的安心感」が十分でない場合には、当然悪循環が生じます。「世代間連鎖」という言葉で説明されますが、現在注目される被虐待児の背景には、このような連鎖が存在することも少なくありません。

　保育者の役割は、保育の中で、それぞれの子どもを受け止め、子どもの「基本的安心感」を育むだけでなく、現在子どもを育てている保護者をも受け止め、保護者自身の「基本的安心感」を支えることが、子どもの育ちを支える上で極めて大きな役割になります。そして、それぞれの親子の状況がどのようであるのかを個別に評価することが、日々の保育推進のために重要です。

　子どもの中に「基本的安心感」が形成され、そしてある年齢になると、子どもは保護者から離れて外界探索を始めます。そして不安になると「安心感」を求めて保護者の元に戻ります。このようなことの繰り返しが子どもの自立や社会化のためには必要で、親元と外の世界の往還のことを「安心感の輪」と呼んだりします。そして子どもは、親子共生的な状態から、一人の別の人格として育っていきます。子どもの自我形成のために大切な発達課題である「いやいや期」や、「第一次反抗期（『つもり』の芽ばえ期）」などを、「安心感の輪」の考えと重ねて考えてみると興味深いでしょう。

　子どもがこのような経過で外に向かって巣立っていく時に、そこで出会うのが、「同年齢児集団」や「仲間社会」です。子どもにおける「仲間関係」の育ちの過程にも様々な段階がありますが、「仲間社会」を生き抜くために大切な基盤が、やはり保護者の慈しみと受け止めによる「基本的安心感」の確保です。乳幼児期の育ちの特徴は、保護者によって受け止められ、支えられる「巣」の部分と、「仲間社会」の中で活動する「群れ」の部分から成り立っていることです。このような「巣と群れの往還」によって子どもは育っていきます。そして保育場面では、保育者はそれぞれの子どもの安心感を支える「巣」となります。子どもたちは、保育場面において不安になったり、トラブルが生じたりすると、保育者の元に駆け寄り、安心感を得て再び保育場面に戻ります。

　ここで押さえておかなければならないのが、「巣」と「群れ」における育ちの要素や意味の大きな違いです。「巣」においては、一対一の関係の中で様々な経験をし、それらを通して自他関係が育ち、何よりも絶対的な「安心感」が保障されます。一方「群れ」では、遊び仲間・連帯感・所属欲求などが育まれ、同じことをしないと仲間はずれにされます。「群れ」は強い者が絶対優位な力関係の世界なのですが、そこからやがて社会性やルールなどが育ちます。

　このようなことが、乳幼児期における子どもの全体的な育ちを支える基盤

なのですが、「愛着形成」「安心感の輪」「巣と群れの往還」などを生き抜く子どもたちの様子や実態は、それぞれの子どもによってかなり異なります。保育者は、個々の子どもの実態を理解・評価し、それをそれぞれの子どもの育ちの評価と重ねながら、その時々で大きく変わる子どもの世界の実態に応じた保育の計画を立てることが重要になります。

2節　社会生活能力目安表を活用する

1.　保育者として、子どもの育ちの全体を俯瞰できるために

　乳幼児の育ちはどのような領域の中で営まれるのでしょうか。「健康」「人間関係」「環境」「言葉」「表現」の保育内容 5 領域も、子どもの育ちが営まれるそれぞれの発達領域だと理解することができます。乳幼児の発達を理解するために、保育内容 5 領域以外の領域の設定も可能でしょう。そしてそれぞれの領域において、年齢ごとにその発達過程の特徴が見られます。特に発達・変化の著しい乳幼児においては、それぞれの領域において、短期間に大きな成長変化を遂げます。保育所保育指針では、乳児、1 歳以上 3 歳未満児、3 歳以上児の 3 つの区分で年齢を大きく区切り、それぞれの時期における保育 5 領域ごとの成長の内容や特性を大きく捉えた上で、その時期に提供すべき保育の内容を示しています。そして、個々の保育の計画はそれらに則って作成されます。

　私たちは、例えばピアジェ（Piage, J.）の発達理論など、様々な発達理論や発達段階仮説を知っています。これまでに学習した様々な発達理論や、様々な発達評価方法の中から、保育実践のために有効で、自分自身が納得できるようなものを是非見つけるようにしてください。子どもの保育に携わり、一人ひとりの子どもの成長を評価し、その子どもたちに応じた保育の計画を立

てることができるために、子どもの発達の全体を俯瞰できるための「下敷き」
となるような「発達マップ」を、自分の中に持っていることが大切です。

2. 社会生活能力目安表

　保育者が有効活用できそうな「発達マップ」の一例として、社会生活能力
目安表を紹介します。社会生活能力目安表（以下、目安表と略す）は、元々
は療育手帳という知的障がい児の福祉手帳を交付するために、子どもの社会
適応能力を評価・判定する尺度として、筆者が独自に開発したものです（柴
田，2006）。社会適応能力（社会生活能力）は、知能指数などで表現される
知的能力とは本来異なったものとされ、子どもが子どもとしての育ちの営み
を実現できるために、それぞれの年齢において必要とされる基本的な能力の
ことを言います。社会適応能力は子ども本来の基礎的な能力ですので、目安
表は、保育所に通う子どもたちを評価するためにも役立ちます。

　目安表の構造は表 2-1 の通りです。縦軸に評価する成長課題の標準的な月
齢を 6 か月ごとに示し、横軸には子どもの育ちを評価するために「身辺自立」
「移動」「作業」「意志交換（コミュニケーション能力と言い換えることもで
きます）」「集団参加」「自己統御」という 6 つの領域を設定しています。

　目安表では、評価年齢区分を 6 か月ごととし、各領域における評価課題を
1 問に絞り、評価におけるわかりやすさと簡便化を目指しています。またそ
れぞれの評価課題は、各領域について各年齢区分において是非とも獲得して
ほしい力、しかも当該月齢の子どもの 80％が獲得できるような課題を厳選
しています。そしてこのような観点から課題を厳選するために、現役のベテ
ラン保育者・教師・心理専門職によって、保育・教育現場実践の実感の中か
ら各課題が抽出・厳選されました。表 2-1 に示す目安表は、このような観点
から作成されています。なお、目安表の作成経緯や統計処理などの詳細につ
いては、章末に紹介した＊印のついた文献を参照してください。

表2-1 社会生活能力目安表（その1）（柴田，2017）

記入法：できる（恐らくできるだろう）と思われる項目に、大きな○をつけてください

年齢区分	身辺自立	移 動	作 業
0：6	与えられると、スプーンから飲む	ハイハイや寝返りなどで目的の方向に移動しようとする	持たせたガラガラや鈴などのおもちゃを繰り返し振って遊ぶ
1：0	コップ（ほ乳瓶）を両手で持って飲む	近くの目標に向かって歩こうとする	小さな物を指でつまむ
1：6	着衣させる時に協力的な動作をする（パンツをはかせる時に脚をひろげるなど）	外出した時に、大人と手をつないで一緒に歩く	なぐり描きをしたり、直線などをまねて描こうとする
2：0	スプーンやフォークですくったり突き刺したりしてひとりで食べる	大人と一緒に、ひとりで長い距離を、10分ほど休まずに歩き続ける	開けた扉やふたなどを元通りに閉めようとする
2：6	靴をひとりではく	ひとりで階段を、スムーズに上がり下りする（一段ごとに両足揃えでの昇降でよい）	コップからコップへ、水を移し替えることができる
3：0	顔を自分で洗え、タオルで拭く	歩道などからはみ出さずに、ひとりで歩く	はさみでちょきちょきと紙を切る（形にならなくてもよい）
3：6	服や帽子の前後がわかる	ゴールまで走ることができる	顔など、形のあるものを描きはじめる（丸の中に目や口らしきものが描かれている程度でよい）
4：0	ボタンのある服の脱着をひとりでする	階段を2〜3段飛び降りることができる	箸をなんとか使いこなして食べることができる（箸でつまもうとする）
4：6	食卓で、ほとんど大人の世話なしで食べることができる	根っこなどの障害物があっても、転ばずに歩いたり走ったりできる	はさみで、簡単な形を切り抜くことができる
5：0	大便の始末をひとりでし、紙でお尻を拭くことができる	車や自転車に気をつけ、ひとりで道を歩くことができる	紙飛行機をよく飛ぶように、飛ばし方や折り方などを、自分なりに工夫する
5：6	お風呂で、自分で体を洗い、タオルで自分の体を拭く	信号を守って、道を安全に渡ることができる	お菓子やおはじきなどを、5つずつ数えて袋詰めにすることができる
6：0	気温にあわせて、自分で服を脱ぎ着することができる	近くの店であれば、簡単なお使いに行くことができる	教えれば、ちょうちょ結び・丸結びなどがなんとかできる
7：0	ひとりで時間割をだいたいあわすことができる	ひとりで学校へ行って、帰ってくることができる	定規を使って、直線や図形を描くことができる

(その２)

記入法：できる（恐らくできるだろう）と思われる項目に、大きな○をつけてください

意志交換	集団参加	自己統御	年齢区分
人に向かって声を出す	人から働きかけられると、自分からも嬉しそうに反応する	人の声で気分が静まる	0：6
バイバイされると反応する（何らかの身振りでの応答をする）	拍手などの身振りをまねる	禁止された時に動きを止める	1：0
単語がいくつか言える	体操をまねて、リズムに合わせ、手・足・体を動かす	簡単な指示に従う（ポイしてきてなど）	1：6
絵本などを見て、ものの名前が言える	同じ年齢の子どもが集まっているところに関心を示し、近づこうとする	何でも自分でやりたがる	2：0
おしっこが出たことを自分から知らせる	誘われると仲間に入る	その場の雰囲気を感じ取り、おとなしくしたり、場に応じた動作を大人にあわせてすることができる（拍手する・手を合わせるなど）	2：6
名前を尋ねられると氏名を答え、数種類の二語文を話せる	クラス集団の中で、皆と一緒に歌が歌える	単に「イヤだ」と反抗するのではなく、自分なりのつもりや自己主張をともなう	3：0
自分が使いたい物を友達が使っている時に「かして」と言う	ままごとなどのごっご遊びで役を演じる	促されれば、簡単な「きまり」を守ることができる	3：6
「それは、どうしてなの？」「それからどうなるの？」といった質問ができる	運動会などで、リズムに合わせて、皆と一緒にお遊戯や踊りなどができる	欲しいものがあっても、説得されれば我慢できる	4：0
自分か経験したことを大人や友達に自分から伝え、会話を楽しむ	じゃんけんで勝ち負けがわかる	禁止されていることを他の子がやった時、その子を注意する	4：6
電話で、簡単な会話を続けることができる	ゲームなどで、年少の子どもを気遣ったり、手助けすることなどができる	大勢の人の中や乗り物の中でダダをこねたりしない	5：0
経験した場面を絵で描き、尋ねれば描いた内容を説明することができる	ドッジボールや鬼ごっこなどの集団遊びに、ルールを理解して参加することができる	夜、自分の部屋でひとりで寝ることができる	5：6
何かを決める時、「〜だから〜しよう」と、理由をつけて提案できる	遊びや集団活動の中で、ゆずりあうことができる	1時間ぐらいなら、ひとりで留守番できる	6：0
日常の出来事を短い文章で書くことができる（日記や作文）	トランプ、カルタ、すごろくなどの簡単なゲームで、ルールを守り、友達と仲良く遊ぶことができる	教室で、30分ぐらいはいすに座って静かに勉強できる	7：0

オリジナルの目安表は12歳水準まで評価できる尺度ですが、表2-1では7歳までの部分を掲載しています。この目安表は、現に教育・保育に携わっている専門家による、いわば子どもの育ちの「到達目標の目録」ということができるでしょう。

この目安表を見るとわかると思いますが、日々子どもの養育に携わっている大人であれば、「ここまではできるよ（できるようになったよ）」ということが、結構容易に判断できる内容だと思います。そしてこの目安表を用いて、担当の保育者や保護者が、獲得できている項目に「丸印」をつけていくことで、現在の子どもの育ちの全体が一目瞭然に俯瞰できます。保育者が保護者にインタビューして、一緒に評価することもできます。また、時間経過と共に複数回評価することによって、その子どもの育ちの経過や軌跡などを見ることもできます。1節で述べた、一人ひとりの子どもの発達過程を理解した保育展開ができるようになるための尺度（ツール）として活用されることを願っています。

3. 目安表を保育の中で有効活用できるために

目安表は、子どもの発達の遅れを判別するツールではありません。子どもの現在の育ちの全体を把握し、そのことによって一人ひとりの育ちの理解のために使用し、そのことが日々の養育や保育に資することを願っています。また、この表の全体を見渡すことで、子どもが次にどのような育ちに向かっていくのかについて予測ができ、その子に応じた育ちのイメージを見通すことにも役立ちます。それぞれの子どもの「育ちのプロフィール」を作成するようなイメージです。現在の生活年齢を基軸に目安表を見ていきます。

何人かの子どもの目安表の評価結果を並べてみると、そこから「その子らしさ」が見えてきます。「個人差の理解と把握」と言い換えることもできるでしょう。そして保育のプロであれば、目安表に現れた個々の子どもの結果

やプロフィールについて、1節で述べた「子どもの育ちを理解する様々な視点」を重ね合わせることで、それぞれの子どもの発達特性や、「強み・弱み」などを考察することができます。これらを日々の保育経営や、保育の計画と評価に、様々なかたちで反映できるようになることが究極の目標です。

目安表を読み解く際の着目点を考えてみましょう。まず「発達の遅速」ということがあります。発達が早いとしても、それで資質・能力が高いとは必ずしも言えません。今見ているのが例えば乳児期なのか、あるいは年長児なのかについても評価結果に生じる様相は異なります。「しっかりしている子」「何となく幼い子」というイメージも、関連したりしなかったりします。

それぞれの課題について、確実に実現している場合と、曖昧である場合がありますが、「課題獲得の実質の濃淡」というあたりは押さえたい点です。その場合には、評価として「〇印」をつけるだけでなく、その課題に対する現状について具体的にメモすることで、子ども理解の厚みが増します。個性・活動参加への意欲などとも関連するでしょう。「行動は速いが、曖昧・淡泊・不正確」であったり、「ゆっくりしていたり、おっとりしていたりしているが、じっくり確実にやりきれている」であったり、「非常に用心深く、一見できないようにも思うが、実は違った」など、子どもの個性と関連づけて、能力獲得・成就の歩みを、目安表の評価結果に基づいて考えてみましょう。

目安表に見られた、評価結果のアンバランスさには是非着目しましょう。領域間の「出来・不出来」や、通常は年齢順に獲得しているところがそうではない場合（通過・不通過が飛び飛びになる）は要注意でしょう。様々なアンバランスさと、保育者がその子の日常保育の中で感じている個性や個人差などを、評価結果だけで断定せずに重ね合わせて考えてみましょう。

何らかの「障がい」の診断を受けていたり、発達障がいの疑いなどの所見がある場合には、目安表のプロフィールがアンバランスであったり、生活年齢と不相応であったりするのは当然です。そのような場合は、目安表で「できなさ」を確認するだけでなく、その子なりの育ちの軌跡をたどったり、目

安表の評価結果から、その子の次の成長の領域や内容を予測することによっ
て保育実践内容を想定するような、肯定的・積極的な活用をします。

　育ちの実現において異なる領域での能力獲得が連動し関連し合っているか
を読み取ることも重要です。例えば5歳頃、他者との会話が自由に連続して
できることで、集団参加能力や自己統御能力が大きく伸びたりします。

　子どもの発達は、変化がはっきりと見取ることのできる時期もあれば、横
ばいを続ける時期（plateau）もあり、一般的にはそれらが交互に来るとさ
れています。それらに対して一喜一憂しないためにも、子どもの育ちの見守
りや評価のタイムスパンを長く取っていくことができるための「見極めツー
ル」としての目安表の活用が考えられます。

　目安表の長期間の使用によって、子どものあゆみの姿を経時的に振り返っ
てみることができます。例えば、初期発達の歩みが遅く、心配が連続してい
た子どもが、年長になって急にしっかりしてきたといったような場合に、目
安表の連続使用が有効です。この方法は、保育者だけが行うのではなく、保
育者と保護者との関係の中で使用し、理解してこそ有効な方法になります。
目安表を、是非保護者と共に振り返るように使用してほしいと思います。

　小学校期への接続ということが、保育所保育指針の中でも強調されていま
す。このようなことを意識した保育を展開していく中で、その段階までの幼
児期の育ちの課題が確実に積み上がっているのかを評価する際にも目安表が
有効になります。就学期にそれまでの段階の力が育っていない場合は、保育
者も保護者も心配でしょうが、先を急いで焦っても子どものためにはなりま
せん。今必要な、育ちのための次の成長課題を見極め、支援を一つずつ着実
に積み上げていくことが大切です。

■ 引用・参考文献 ───────

＊伊藤隆二（1964）精神薄弱児の心理学　日本文化科学社

厚生労働省（2018）保育所保育指針解説（平成 30 年 3 月）　フレーベル館
文部科学省（2018）幼稚園教育要領解説（平成 30 年 3 月）　フレーベル館
内閣府・文部科学省・厚生労働省（2018）幼保連携型認定こども園教育・保育要領解説（平成 30 年 3 月）　フレーベル館
＊柴田長生（2006）子どもの社会生活能力評価について　発達 106 号　ミネルヴァ書房
＊柴田長生（2017）社会生活能力目安表改訂への試み　臨床心理学部研究報告（9）　京都文教大学

＊印のついた文献は、目安表の参考文献としてもご活用ください。

まとめの演習

1 5〜6人のグループで、ユニセフのホームページから「子どもの権利条約」の各条文の要約を読み、乳幼児の保育の計画において、どのような条文が大切か、その条文の内容を保育計画においてどのように活かすことができるのかについて、「保育所保育指針解説」の内容を踏まえながら自由に話し合ってみましょう。

〈参考〉ユニセフホームページ
https://www.unicef.or.jp/kodomo/kenri/syouyaku.html

2 子どもの虐待防止のために、保育所がどのような役割を日々担っているのかを調べ、クラスの中で発表しましょう。他の関係機関と保育所の連携についても調べてみましょう。また、虐待を受けた子どもへの保育のために、どのような保育の計画を立てる必要があるのかについて、5〜6人のグループでいろんな角度から話し合ってみましょう。

3 自分の知っている乳幼児について、自分で観察したり、保護者や保育者にエピソードを伺いながら、社会生活能力目安表を用いた評価を実際に行ってみましょう。評価への試みを体験する程度でもかまいません。また、評価結果を持ち寄り、5〜6人のグループで、その子らしさが、社会生活能力目安表のどのあたりに現れているのかについて、自由に話し合ってみましょう。

Column❶

注目される STEM 教育
オーストラリアを例に

　STEM とは、科学（Science）、技術（Technology）、工学（Engineering）、数学（Mathematics）に焦点を当てた総合的な学習アプローチの頭文字をとったものです。幼児期の STEM 教育は、子どもたちの世界に対する自然な好奇心につながるアクティブな共同学習環境を提供し、知識やスキル、創造的な思考や探求心などの気質を育むための教育アプローチで、幼児期における探求型学習、問題解決型学習が含まれています。オーストラリア政府は、STEM 教育の導入を優先させるために多額の資金援助も行っています。

　オーストラリアにあるキャンベラ大学の STEM 教育研究センターのディレクターであり、ELSA（Early Learning STEM Australia）と呼ばれる大規模なパイロット研究のプログラムディレクターであるローリー教授は、STEM 思考は現在の 3 歳と 4 歳の子どもたちにとって有用であると述べています。そして、今日の世界では、STEM スキルはライフスキルであると指摘しており、園児が 10 代になる頃には、電話プランの複雑な比較からその他の日常的なタスクまで、あらゆることをこなすために STEM 思考が必要になってくるとも述べています。ELSA の研究プロジェクトは、2018 年からオーストラリア全土で実施されています。

　日本でも保育・幼児教育分野で STEM に ART（芸術）の視点を加えた STEAM 教育が注目されています。就学前の子どもたちが、STEAM 教育を学ぶというのは、領域・教科を越えて体験し学ぶということであり、大切なことは子ども主体の探求心とそのプロセスです。子ども自身が興味関心を持って遊び、「問い」を持ちながら探求し、新たな発見を導くことの繰り返しです。テクノロジー活用力が重要であると同時に、人として豊かに生き表現することの重要性を軸としている STEAM 教育は、保育・幼児教育分野において大切な視点を持った教育といえるでしょう。

第 3 章

保育の計画と評価の基本

 この章のポイント ・・・・・・・・・・・・・・・・・・・・・・・・・・・・・・

● カリキュラムの類型と変遷から今後のあり方について学ぶ。

● 保育の計画とは、全体的な計画と指導計画であることを理解する。

● 子どもの理解に基づく保育の PDCA サイクルについて考える。

　カリキュラム（curriculum）という言葉は、学校教育の分野で、入学した子どもが卒業するまでにたどることになる計画されたコース（course）を指すものとして用いられるようになりました。我が国でもカリキュラムが「教育課程」として訳され使用されるに至っています。

　保育所・幼稚園・幼保連携型認定こども園（以下、総称する場合は「園」）におけるカリキュラムとは、それぞれの園の理念や目標を達成するための全体的な保育の計画です。園での活動を通してどんな子どもを育てたいかを明示し、それを実現していくための保育の基本方針です。保護者や地域の人とどんな関係を築いていきたいかなども含めた目指す保育の礎になります。保育カリキュラムを作成することで保育の質と一貫性を保つことになり、明確な理念を持つことで保育者と保護者との連携の際の共通理解を促すことができ、子どもの育ちや学びに肯定的な影響を与えられるようになります。

1. カリキュラムの類型

　我が国におけるカリキュラムの類型については大別すると、教科カリキュラムと経験カリキュラムに分けられます。

(1) 教科カリキュラム

　子どもに必要だと思われる一定の知識・技術を保育の場で系統的・効率的に伝達していくことを目的にしたカリキュラムです。保育者の主導で計画され準備が整えられて生活に必要な技術や習慣、文字や数などの基本的知識を教えることが目的となります。

表3-1　教科カリキュラムと経験カリキュラム（千葉・那須，2016，p.19 より）

類型	教科カリキュラム	経験カリキュラム
教え方	知識・技術伝達型	体験・経験主導型
中心	保育者	子ども
目的	技術や習慣、基本的知識（文字や数など）の習得	自発的（興味・関心）経験を積むこと
長所	教える内容が整理されており、取りこぼしが起きにくい。	自発的に学べる。
短所	・画一的な指導になりやすい。 ・発達の個人差が大きい時期であるために理解度に差が出やすく、落ちこぼれが生じる可能性がある。	・子どもが自発的に学べるかわりに、得られることにムラや偏りが生じる可能性がある。 ・苦手なことを避け続けて克服できないままになってしまう可能性がある。

(2) 経験カリキュラム

　子どもの直接的な経験・具体的な生活から出発したものです。それぞれの子ども自身の興味・関心に基づいて、自発的な経験がなされることを目的としています。

　教科カリキュラムと経験カリキュラム双方の特徴をまとめると、表3-1 のようになります。

(3) その他（潜在的カリキュラム）

　乳幼児期は心身の発達が著しく、生活している環境や制度に大きく影響を受けます。自然や物理的な事象、建物や設備、広く社会文化的なものを含めた物的環境、自分も含め親や兄弟姉妹、祖父母等の家族、地域の人々、それらが形づくる人間関係やその中での社会的な役割や地位、それらが醸し出す雰囲気や意識、価値観などを含めた人的環境、さらには広く時間や空間などこれらの様々なものが相互に関連し合って作り出される状況そのものに関わりを持つことを通して、意図せずに習得し成長発達に影響を与えているもの

があります。伝統や地域性などはそういった潜在的カリキュラムによるものが大きいかもしれません。

2. カリキュラムの類型からみる変遷

　1840年に世界初の幼稚園（キンダーガルテン；Kindergarten）を創設したフレーベル（Fröbel, F. W. A.）は「さあ、私たちの子どもらに生きようではないか」という言葉を残した、まさに児童中心主義の幼児教育者であり実践家でした。教育遊具であるガーベ（Gabe：恩物）を考案制作し、幼稚園のカリキュラムに取り入れています。フレーベルは「自然へ還れ」というスローガンや感覚教育を提唱したルソー（Rousseau, J. J.）や、『リーンハルトとゲルトルート』『隠者の夕暮れ』等を著したペスタロッチ（Pestalozzi, J. H.）に多大な影響を受けて、「経験カリキュラム」的スタンスに立つ教育者でした。

　日本では1876（明治9）年に最初の国立幼稚園である東京女子師範学校附属幼稚園（現：お茶の水女子大学附属幼稚園）が誕生しました。初代監事（園長）の関信三はフレーベルが考案したガーベを恩物と訳して、使用法「幼稚園法二十遊嬉」を記しました。その内容のほとんどは、幼児の知力の増進を図るための遊具として解釈され、保育者の指導のもとに操作することに重点がおかれるという「教科カリキュラム」的な立場でした。小学校の時間割のごとく進められ、この方法が日本の幼稚園教育の指針になっていきます。

　その後同幼稚園の主事に就任した倉橋惣三は、フレーベルが本来目指したはずの遊びを重視した児童中心主義の幼児教育を主張しました。恩物は自由に遊べる遊具として使用するようにし、幼児の生活そのものをカリキュラムに取り入れようと考えたのです。「生活を生活で生活へ」と語り、さらに保育は自由に生活の中で、遊びを通して行うべきだとしました。「幼児のさながらの生活」を大切にした「経験カリキュラム」的な立場に立つものでした。

図3-1　フレーベルの恩物

　この思想は現行の「幼稚園教育要領」に「遊びを通しての指導を中心として
ねらいが総合的に達成されるようにすること」と示されていることから、現
在の幼児教育・保育の考え方と共通するものであることがわかります。

　しかし戦後、文部省、国立教育研究所などによって学力調査が行われ、児
童の基礎学力低下が指摘されます。これが「経験カリキュラム」への批判へ
とつながり、再び「教科カリキュラム」を重視する方向へと向かうことになっ
た時期がありました。

　1907年にローマでマリア・モンテッソーリ（Montessori, M.）が「子ども
の家」を設立し、独特の教育法を完成させました。彼女は、子どもの興味・
関心・理解に沿って、様々に整えられた環境を提供すれば、子どもは自発的
に活動し、学び始める力を持っていることに気づきます。また、子どもが能
力を獲得するにはそれぞれに最適な時期（敏感期）があることを発見し、そ
の時期は子どもによって画一的ではないので、保育は一斉的に展開するので
はなく、個々の自由を保障し、各々に最適な時期に経験がなされるような環
境（教具）を個別に提供することによって、子どもの活動（発達）は最大限
に発揮されると考えます。提供される様々な教具を通して、暗記ではなく経
験に基づいて実生活的なスキル、質量や感覚、言葉の基礎などを自発的に養
います。それ故モンテッソーリ教育は、教科を想定した「経験カリキュラム」

であると考えられます。

　我が国では、1976年に教師養成センター（現：日本モンテッソーリ教育綜合研究所）が設立されましたが、多種の教具による環境構成が重視されるところや、教師養成にも特別な訓練がなされることなどが、モンテッソーリ教育の実践において重要な要素となっています。

　1989年、四半世紀ぶりに「幼稚園教育要領」が改訂され、1990年には「保育所保育指針」が「遊びを中心に環境を通して行う保育であること」を前面に打ち出し、幼稚園教育、保育所保育における「領域」が小学校教育の「教科」とは異なることを明確に示したのです。これらは「経験カリキュラム」的立場に基づいています。このように、いずれの立場に寄るかは時代背景などによって変化を繰り返してきました。今後も新しい教育法を取り入れながら未来を担う子どもたちにとってどのようなカリキュラムに重きをおかれるかは変化していくと思われます。

3. カリキュラム作成時に考慮されるべき点：海外における保育プログラム内容の分析から

　OECD（経済協力開発機構）が、質の高い保育を考える上で参考になるカリキュラムとして「テ・ファリキ（ニュージーランド）」「スウェーデンカリキュラム（スウェーデン）」「経験に基づく教育（ベルギー）」「ハイスコープ（アメリカ）」「レッジョ・エミリア（イタリア）」を報告しています。また「ピラミーデ（オランダ）」はユニセフが行った幸福度調査で最も高い評価を得たオランダ政府教育評価機構によって開発されました。相違点はいろいろありますが共通点を見ていくと、能動的な子ども観を持ち、子どもによる主体的学びに基づく理論を採用しています。保育室の環境構成を整えて子どもに安心感を与えながら保育室での遊びが行われていくように考えられています。

　また、ピラミーデでは8つの発達領域（知覚・ことば・思考・時間空間の

理解と探索・運動・芸術的表現・個性・社会性を伴った情緒）と関連づけられた遊びのコーナーと保育者が計画するプログラムを通してクラス全員で取り組む活動とに一貫性がある体験となるように企図され、生活の中での遊びを通して幼児期に必要な経験を子どもが自ら学べるという教育法になっています。子どもの主体性を大切にするためには保育者の主体性が欠かせません。子どもの状況を見ながら保育者が構成した保育環境とプログラムがあるからこそ子どもは主体性を発揮できるのです。保育者からの刺激と相互作用が子どもの主体性を発揮するためには重要な要因となります。

　さらに、21 世紀の社会を生き抜くために子どもたちに必要とされる行動特性は、「自律的行動」「協同的な関わり」「思考の柔軟性」だと言われています。保育の場では話し合いをしてまとめる力や科学的な思考力の萌芽を培うこと、豊かな自然や環境を素材に創り出すという経験を積み重ねて創造性を育むことが大切です。幼小の連続性を高めるために、「協同遊び」「生きる力の基礎」を養うテーマ活動として、園独自のアプローチでカリキュラムに盛り込まれる取り組みも行われるようになってきています。対話を通して「ともに考え深め続けること」は、子どもが一人で身につけるのではなく、活動に目を凝らしながら積極的に子どもたち一人ひとりの声を聴くことで養われていきます。大人が子どもとの信頼関係を築いていくこと、そして持続性のある対話を行うことから子どもの興味関心に応じた挑戦する力を引き出していこうとする関わりによって養われていきます。保育施設と家庭や地域の人々との協同も、カリキュラム構成に欠かせない要素となってきます。

　保育カリキュラムは決められた型があるというよりも多様性があり、独自性があります。カリキュラムは目標・内容・教育学・指導実践など複数の構成要素を含む複合的概念であり、社会的価値観・内容基準・責任制度・文化・個々の子どもの特性を含む数多くの要因を鑑みて構成されていきます。カリキュラム策定は一度限りのものでなく、保育計画と同様に常に見直され改訂されなければならないと考えられるようになってきています。自治体や保育

関係者のみならず、保護者、地域住民が参加し高い保育の質を実現するカリキュラムの重要性を認識し、より良いものにつくり上げていく不断の努力が重要なのです。

1. 保育の計画の目標と必要性

　園には「保育の計画」があり、これによって保育者は子どもの発達を遊びに見通しを持ちながら、子どもの育ちを支えます。保育の計画とは、前節で示している幼児教育のカリキュラムに由来し、カリキュラムは保育を行う際に園生活のどの時期に何をどのように進めていくかを具体的に計画したものです。保育の計画には、子どもが「今」を最もよく生き、基本的生活習慣を身につけながら成長し、望ましい未来の創り手となるために必要な資質・能力の基礎を培うという目標があります。

　保育の計画は、「全体的な計画」と「指導計画」の2つに分けて考えることができます。前者の全体的な計画は、園の全体像を見通した包括的な計画で、後者の指導計画は、全体的な計画に基づいた具体化からその実践までの計画です。全体的な計画の作成に当たっては、保育実践がぶれないように全職員（園長、保育者、看護師、栄養士、調理員等）が保育の理念や方針を共有し、いつでも保育の原点に立ち返ることができるようにしています。

　保育の計画の必要性を簡潔にまとめると、以下の3点です。

　①子どもが発達過程と時期に応じた経験をするため
　②子どもの育ちや生活の連続性、季節の変化等を見通すため
　③子どもの予想外の活動を捉えて応答するため

　上記の①と②に関して、子どもにはその時期に必要で欠くことのできない経験が多くあります。そのため保育者には、その望ましい経験を見極め、その意味を考え、保育をするために計画が必要であるということです。また、保育の計画を通して保育者は、ある時期の活動が、前のどのような活動を活かし、後にどのような活動につながっていくかという一貫性を持って、子どもの発達過程を見通すことができます。保育者には、そのような見通しがきちんと押さえられていることが求められます。

　③は、子どもの予想外の活動へ応答する観点から必要です。園生活は子どもの主体的な活動が起点となっており、保育の計画があっても、時には子どもが予想外の活動を行うことがあります。そのような時、保育者には柔軟な応答が求められます。柔軟な応答を行うため保育者には、常に子どもの様子を観察し、状況判断し、自ら創造し、積極的に保育の計画を弾力性と即応性を持って変えていくことが求められます。

　保育の計画を作成するにあたって、幼児教育学者の森上（1983）は、作成上で押さえておきたい基本的なポイントを 7 点示しています。これらのポイントは、「今」も園で大切にされていますので、心に留めておきましょう。

　①正しい保育観に立脚して
　②子どものための園生活を考えて
　③子どもの実態を捉えて
　④地域の特性を捉えて
　⑤人間を育てることを中心に
　⑥まとまりよりも広がりを
　⑦計画の弾力性と即応性を

　保育所では、幼保連携型認定こども園に合わせて、旧来の保育課程を「全体的な計画」と呼ぶようになり、全ての園では形式上の整合性が図られてい

表 3-2　保育の計画の枠組み（汐見，2020 を改変）

	保育所	幼稚園	幼保連携型認定こども園
カリキュラムの基準	「保育所保育指針」	「幼稚園教育要領」	「幼保連携型認定こども園教育・保育要領」
保育の計画	・全体的な計画 （＝保育・教育の計画） （保健計画等を含む） （本書表 3-3 参照） ↓（上記に基づき） ・指導計画（保健計画等が別立ての保育所あり） （本書表 3-5、表 3-6 参照）	・全体的な計画 （＝教育課程） （保健計画等を含む） ↓（上記に基づき） ・指導計画	・全体的な計画 （＝保育の計画・教育の計画・「子育ての支援」の計画）（保健計画等は、上の個々に含む） ↓（上記に基づき） ・指導計画

ます。園の「保育の計画（全体的な計画、指導計画）」の枠組みを表 3-2 に示しますので、みなさんはこれを見て、計画を実践に生かす準備をしておきましょう。

2.　全体的な計画の作成

　「保育所保育指針」第 1 章総則 3「保育の計画及び評価」には、保育所が「保育の目標を達成するために、各保育所の保育の方針や目標に基づき、子どもの発達過程を踏まえて、保育の内容が組織的・計画的に構成され、保育所の生活の全体を通して、総合的に展開されるよう、全体的な計画を作成しなければならない」と記されています。全体的な計画を作成する際、特に重要だと思われるのは、保育の方針や目標に基づき、子どもの発達の連続性を踏まえて、全職員が子どものどのような資質・能力を育んでいくのかを共有することです。

　ここでは、ある保育所の全体的な計画（表 3-3）を見ていきましょう。表 3-3 の上部には「保育理念」「保育方針」「保育目標」「社会的責任」「幼児教

育を行う施設として育みたい資質・能力」「幼児期の終わりまでに育ってほしい姿」「特色ある保育」「年齢別保育目標」があり、それらの項目は、目の前にいる子どもの姿と家庭の状況を見つめ直し、指針第 1 章に基づき保育所で創意工夫して記入することが大切です。

　例えば、表 3-3 の園の保育理念は「豊かな人格形成」であり、保育者は目の前にいる子どもが日々の保育の中で自然との触れ合いや、異世代交流をしながら、自分を大切にし、他人への優しさや思いやり、感謝の心が育成できるように、全体的な計画を作成しています。同様に、全体的な計画の他の項目も、子どもの理解に基づき記入することが大切です。

　園では、人間形成にとって極めて重要な時期の子どもを預かっています。そのため保育者は、何の保育の計画もなく、その場しのぎのような保育をすれば、子どもが「今」を最もよく生きることに考慮した保育ができないということを、常に念頭に置く必要があります。

3.　指導計画の作成

　各園では、全体的な計画に基づき日常の保育を組み立て実践できるよう、指導計画を作成しなければなりません。ここでは、基本的な指導計画の作成を取り上げます（指導計画の作成と作成上の留意点は本書第 4 章、第 5 章参照）。

　指導計画には、主に「長期の指導計画」と「短期の指導計画」があります。その他、保育所には、子どもの 1 日の生活リズムを大切にするために作成された日課表（デイリープログラム）があります。

（1）　長期の指導計画（年間指導計画・期別指導計画・月間指導計画）

　長期の指導計画である年間指導計画は、全体的な計画を具体化するために、目の前にいる子どもの姿から、4 月〜翌年 3 月までの 1 年間の園生活を見通して立てる計画のことで、他の指導計画の基本となります（第 5 章の表 5-1

表 3-3 ある保育所の全体的な計画（記入例）

保育理念（事業運営方針）	社会的責任 豊かな人格形成	保育方針	保育目標
○一人ひとりの子どもが現在を最もよく生き、望ましい未来を創り出し、周囲と共に生きる力の基礎を培い、最善を尽くす ○苦情解決責任者である関係機関と連携し苦情解決体制をとる ○苦情解決の仕組みを利用者へ周知する	**社会的責任** 1. 心身諸機能のかたよりのない自立とその充実 2. 他を思いやる心の伸展と互いに協力することの重要性の体得	[保育所保育指針 第１章に基づき各園で記入]	1. 何事にも意欲的に取り組みやりとげる（主体性） 2. 自己表現のできる（創造性） 3. 創意工夫をする（創造性） 4. みんなと協力して楽しめる（協調性） 5. 素直に感動できる（感受性）

幼児教育を行う施設として育みたい資質・能力

①豊かな体験を通じて、感じたり、気付いたり、わかったり、できるようになったりする【知識及び技能の基礎】
②気付いたことや、できるようになったことなどを使い、考えたり、試したり、工夫したり、表現したりする【思考力、判断力、表現力等の基礎】
③心情、意欲、態度が育つ中で、よりよい生活を営もうとする【学びに向かう力、人間性等】

[保育所保育指針 第２章に基づき各園で記入]

幼児期の終わりまでに育ってほしい姿

①健康な心と体 ②自立心 ③協同性 ④道徳性・規範意識の芽生え ⑤社会生活との関わり ⑥思考力の芽生え ⑦自然との関わり・生命尊重 ⑧数量・図形、文字等への関心・感覚 ⑨言葉による伝え合い ⑩豊かな感性と表現

特色ある保育							
クラス	0歳児（ひよこ）	1歳児（りす）	2歳（うさぎ）	3歳児	4歳児	5歳児（らいおん）	
年齢（〜の時期）	0歳 （応答的な肌の触れ合い）	1歳 （応答的な手助け）	2歳 （応答的な伴走）	3歳・4歳 寄り添い保育（自分でやろうとする気持ちを認め、思いに共感したり見守りながら子どもと関わる）		5歳 （共感的な伴走）	6歳 （共感的な見守り）
年齢別保育目標（0歳児〜年長児）							
生命の保持	個人差に応じた生理的欲求を十分に満たし、安定した生活の中で変化を築き、安定感を持って過ごすことができる	探索活動を十分にし、周囲の人やものへの興味や関心を広げ、意欲的な生活ができる	喜怒哀楽を十分表現でき、象徴機能や観察力を発揮して遊びを広げることができる			自分の気持ちを言葉で表現できるようになり、簡単なルールや決まりを守りながら、友達関係を築き集団行動ができる	生活や遊びの中で一つ一つの目標に向かって力を合わせて活動し、達成感や充実感を味わう
情緒の安定	生理的欲求を満たし、1日24時間を視野に入れた安定した生活ができる	健やかで安全な生活ができるような環境の中で、応答的な関わりを大切にし、信頼関係を築く	安定した園生活を送る中で、簡単な身の回りのことができる			基本的生活習慣を身につけ、意欲的に生活できるようにする	基本的な生活習慣が身につき、見通しを持って生活できるようにする
養護	応答的な関わりや肌の触れ合いを通して信頼感を育み、愛着の絆を形成する		保育士との信頼関係を基礎に、一人ひとりの子どもが主体的・自発的に活動できるようにする			就学を意識した生活の中で自己肯定感を育み、仲間との一体感を味わう。自信を持って活動できるようにする	

[目の前にいる子どもの姿と家庭の状況を見つめ直し 各園で記入]

［保育所保育指針 第２章に基づき各園で記入］
目の前にいる子どもの姿と家庭の状況を見つめ直し、

3つの視点	（乳児）	5領域	（1歳以上3歳未満児）	（3歳以上児）	（3歳以上児）
健やかに伸び伸びと育つ（身体的発達）	・寝返り、はいはい、お座り、つかまり立ち、伝い歩き、一人立ちの段階を踏んで歩行につながる ・園生活を通して食事、睡眠、遊びなどの生活リズムの育ちを促す	健康	・歩く経験をたくさんして、しっかり歩けるようになる ・便器に座ることに慣れ、自分で排泄ができるようになる ・いろいろな遊具	・健康的な生活の仕方を知り、見通しをもって行動する ・様々な道具を使い、複雑な運動やルールのある集団遊びを通して動かす	・危険な場所や物事などがわかり、安全について理解して行動する ・生活の付けはじめをつけたり、健康に過ごすための体力づくりの必要性に気づき自分で意識して身体を動かす
身近な人と気持ちが通じ合う（社会的発達）	・応答的な触れ合いや言葉がけにより、言葉の理解や発語の意欲が育つ ・特定の保育士との深い関わりにより、基本的な信頼関係が生まれる	人間関係	・保育士との安定した関係の中で、絆が深まり、身の回りに様々な人がいることに気づく	・保育士の仲立ちにより、他の子どもとの関わり方を少しずつ身につける ・先の見通しができるようになり、仲間と一緒に目的を持った行動を行うようになる	・互いに相手を許したり認めたりできるようになり、仲間の一人としての自覚や自信を持てるようになる ・小学生や地域の人との関わりを通し、自分の生活に関係の深い情報に興味や関心を持つ
		環境	・安全で活動しやすい環境での探索活動などを通して、様々な感覚の働きを豊かにする	・日常生活の中で、数量や図形、簡単な標識や文字に関心を持つ	
身近なものと関わり感性が育つ（精神的発達）	・生活の中で様々な音、形、色、光、手触りなどを感じて楽しむ ・安心できる環境の下で、身近な物に興味・関心をもつ ・保育士が歌うわらべ歌や触れ合い遊びを通して、手足を動かして楽しんだり楽しんだりする	言葉	・保育士の応答的な関わりにより言葉を楽しみ、身振りや言葉で気持ちを表そうとする	・保育士や友達との会話を楽しみ、相手にわかるように話す ・生活に必要な簡単な挨拶を、保育士と一緒に言うことができる	・人の話を注意して聞き、相手にわかるように尋ねたりする ・日常生活の中で、文字などを使って伝える喜びを味わう
		表現	・保育士と一緒に歌ややリズムに合わせて体を動かすことを楽しむ ・生活の中でイメージを膨らませ、楽しんで遊ぶ ・歌を歌ったり、手遊びやや全身を使う遊びを楽しんだりする ・水、砂、土、紙、粘土など様々な素材に触れ、感覚を楽しむ	・感じたこと、想像したことを音楽、造形などに自由な方法で表現する	・どのように表現したら相手に伝わるか、考えて伝えようとする ・共通の目的に向かって、友達と一緒に創り上げていくことを楽しむ ・身近な社会や自然現象への関心を深め、その不思議さなどに興味や関心がより一層深まっていく

教育

45

参照）。期別指導計画（期案）は、1年間の課程を子どもの発達や生活の節目によっていくつかの期間に分けて立てます。また、月間指導計画（月案）は、年間指導計画を基に、1か月の園生活を見通して立てる計画のことです（本書第4章の表4-2参照）。

(2) 短期の指導計画（週間指導計画・日案）

　短期の指導計画である週間指導計画（週案）は、月案を基に、継続性を考えながら1週間を見通して立てる計画のことで、前の週の子どもの姿を踏まえ、子どもの育ちに適し、興味のあることから一歩発展した実現可能なねらいを立てることが大切です（本書第4章の表4-3、第5章の表5-2と表5-3参照）。また、日案は、1日の子どもの生活時間を見通して、保育の展開を計画することです。その時、保育者には、環境を通して子どもの主体性が発揮される日案を作成することが求められています。指導計画の形式は、定型のものがなく、保育者が責任を持って作成します。なお、週案と日案を一緒にした週日案を作成する園もあります。一例として、表3-4に、日案の様式を示します。

　これらの指導計画は、実習生となるみなさんに関係が深く、事前のオリエンテーション時に実習園からいただくことが多いと思います。指導計画には、実習園の保育の全体像（園の保育理念や実践の積み上げ、家庭環境や地域の

表3-4　日案（様式）

きりん組　　4歳児　　男児10名　女児10名　計20名　　担任：松井 俊絵

2021年　10月　29日（金）　天気；晴れ			
子どもの姿 　（子どもの実態を捉えて記入する）		ねらい 　（この日のねらいを記入する）	
主な活動内容 　（この日の活動内容を記入する）		準備物 　（この日の準備物を記入する）	
時間	予想される子どもの活動・姿	保育者の指導・援助	指導上の留意点

実態、保育時間、目標となる姿等の配慮）が記載されていますので、実習初日までに保育の全体像を把握しておきましょう（実習の詳細は第8章参照）。

3節 PDCA サイクルと保育の計画

1．PDCA サイクルによる保育の過程

(1) PDCA サイクルによる保育の質の向上

「保育所保育指針」第1章3の（4）「保育内容等の評価」では、「保育士等は、保育の計画や保育の記録を通して、自らの保育実践を振り返り、自己評価することを通して、その専門性の向上や保育実践の改善に努めなければならない」と記されています。

保育は、子どもの理解に基づき、保育の過程（計画・実践・記録・省察^{せいさつ}・評価・改善）を循環的に繰り返すことによって、保育の質や保育者の専門性が向上していきます。PDCA サイクルとは、この循環的繰り返しによる保育環境の改善であり、保育の質や保育の専門性の向上を目指した P（Plan；計画）→ D（Do；実践）→ C（Check；省察〈振り返り〉・評価）→ A（Action；改善）の過程を指します。

(2) PDCA サイクルによる保育の過程

ここでは、図 3-2「PDCA サイクルによる保育の過程」を見ていきましょう。基本的な手順としては、独自性と創意工夫のある全体的な計画を土台にして、保育目標を確認し、現在の保育活動の見直しから行います。年度末にクラスごとにその年の指導計画で良かった点や課題、改善点について話し合います。

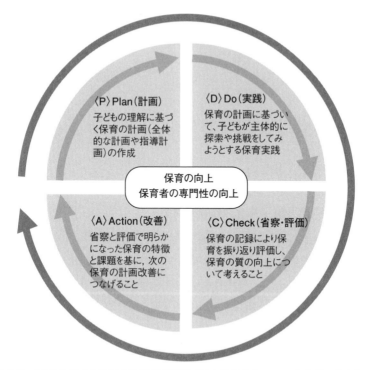

図 3-2　PDCA サイクルによる保育の過程（日本保育学会，2021 を参考に筆者作成）

■ P（Plan；計画）

　P（Plan）では、子どもの理解に基づく保育の計画の作成を行います。全体的な計画の作成時、子どものどのような資質・能力を育んでいくのかを全職員で共有することが大切です。また、新年度が始まるとすぐにクラス担任の保育者は、「幼児期の終わりまでに育ってほしい姿（10 の姿）」を踏まえ、クラスごとに指導計画を作成していきます。その他、保育所では、子どもたちの心身の健やかな発達のために、デイリープログラムを作成していきます。

■ D（Do；実践）

　保育者は、指導計画に基づいて、子どもが主体的に探索や挑戦をしてみようとする環境づくりをします。そのため保育者は、指導計画を理解した上で、

保育実践することが大切です。

■ C（Check；省察・評価）

　保育者は、日々の保育実践を通じて、子どもの実態と育ちを理解します。また保育者は、どのように保育実践をしたか記録にとったり観察したりして、保育実践を省察（振り返り）します。さらに目標が達成できたかどうかも評価します。この省察と評価を通して保育者は、保育の質の向上について考えることが大切です。

■ A（Action；改善）

　A（改善）では、C（省察・評価）で明らかになった保育の課題を基に、次の保育に向けてその改善を図ります。そのため保育者は、再度保育目標を確認し、その年の指導計画で良かった点や課題、改善点について話し合います。改善点がある場合は、それを次の計画に反映し、改善してよりよい計画を作成します。

　以上、PDCA サイクルにより保育の計画を作成し、保育実践の過程や結果を記録として残し、保育を改善することは、保育の質を高め、保育者自身も成長できる可能性があると考えられます。なぜならば、保育の適切な計画によって保育者は、子どもの育ちを見通すことができるからです。

　ただし、保育現場では保育者の予測していない緊急の事象が発生し、先が見通せない場合があり、PDCA サイクルをそのまま用いても有用な過程になるとは限りません。それを参考にしながらも、保育者は子どもの理解や育ちを捉える視点に立ち、子ども一人ひとりの育ちを観察し、瞬時に判断し、すぐ行動していかなければなりません。不安定で複雑な現代社会において、保育者が子ども一人ひとりを丁寧にきめ細かく観察し判断し実施するという流れが必要となるでしょう。この点、SOAP（S〈Subjective；主観的情報〉→ O〈Objective；客観的情報〉→ A〈Assessment；評価〉→ P〈Plan；計画〉）のような問題解決型の手法が求められるのかもしれませんが、SOAP 型記録

図3-3　ある保育所の「だいどころ」

を使うことによる実践の省察については、さらなる検討が必要でしょう。

(3) 子どもが主体的・対話的になれる環境づくり

　保育実践には、子どもが主体的・対話的に探索や挑戦してみようとする環境づくりが含まれています。例えば、ある保育所の「だいどころ」と呼ばれる調理室は、全面ガラス張りで、ご飯を作っている様子やその日の献立に用いられる食材を、子どもたちが見て対話することができます（図3-3参照）。

　また、調理員と保育者が連携し、子どもたちの発達や健康に配慮し、食育への興味を高めています。園で子どもの資質・能力を育むための一つの手立てとして、上手な環境（人的環境・物的環境・自然）づくりだと指摘されています（汐見，2020）。「だいどころ」は、まさに上手な環境づくりであると言えます。

(4) 園だよりによる保育実践

　2020年は、新型コロナウイルス感染症（COVID-19）が拡大し、園においても感染予防に最大限に配慮した生活が続きました。ある園では、緊急の園だよりを作成し、家庭に園だよりを配布するという保育実践を行いました。

　図3-4の園だよりは、保育者が子どもの安全を守るために周到な準備をし

た上で、保護者に伝えたいことや知りたいことに重点を置いて書かれ、保育
者の心遣いや配慮が反映されています。園だよりは、保護者に子どもの園生
活や計画的な行事を伝えるだけでなく、日々刻々と変化する新型コロナウイ

2020 年 7 月 17 日

保護者各位

社会福祉法人○○○園
園長　○○○○

新型コロナウイルス感染症に係る連絡体制について

　平素は園の運営にご協力・ご理解をいただき、誠にありがとうございます。
　さて、園児や保護者など（同居人）が罹患、PCR 検査の対象となった場合における対応については、下記の通りとさせていただきますので、よろしくお願い致します。

記

　園児や送迎保護者・御家族の方が濃厚接触者となったときや、PCR 検査を受けることとなった際は、速やかに当園にご報告ください。

　休日・夜間に、園児や送迎保護者・御家族の関係者が、PCR 検査を受けることとなった際は、①～⑩を入力し、園携帯にショートメールを送信してください。
　園から、折り返し連絡をいたします。御家族の状況などを確認させていただきます。

① 園児の氏名（クラス名）
② 対象者の氏名
③ 園児との関係
④ 職場
⑤ 受診機関
⑥ 発症日、症状
⑦ PCR 検査日
⑧ PCR 検査結果予定日時
⑨ 園児最終当園日
⑩ 対象者最終送迎日

園携帯：090-1111-0000

▶ ショートメール例
①保育はな子（こぐま）②保育太郎　③父
④○○会社　⑤○○病院　⑥7/12、発熱、嗅覚・味覚障害　⑦7/15　⑧7/17 昼頃
⑨7/14　⑩7/11

　子どもの安全を守り、感染拡大防止を徹底するために、御理解と御協力をお願いいたします。

以上

※ 別紙1 ○○市新型コロナウイルス感染症対策本部からの「児童福祉施設等で新型コロナウイルス感染症の感染が疑われる場合や感染者が発生した際の対応について」をご確認ください。

図 3-4　園だよりの例

ルスのような感染症などへの柔軟な対応を連絡する大切な役目もあります。

(5)「もしも保育の計画がなければ」を手がかりに

　次の事例は、保護者Uさん（30代）が長男Jくん（5歳）が通う園の「保育の質」に問題があると感じるところから始まります。事例を手がかりに、「保育の質」のために、なぜ保育の計画が必要か一緒に考えてみましょう。

> ┄┄ **事例**　**子どもの最善の利益につながる保育の計画**
>
> 　保護者Uさんは、長男Jくんが通うX保育園の保育の質に問題があると感じていました。例えば、運動会の年長クラスはまとまりがなく、生活発表会の年長クラスの器楽合奏はかなりひどいもので、いかにも生活発表会の1か月前ぐらいからあわてて練習を始めたような演奏だったのです。Uさんは、「何かがおかしい」と考えていました。なぜなら、運動会や生活発表会での年長クラスの様子を見れば、その園の保育のレベルがわかることを知っていたからです。
>
> 　新年度が始まってすぐに、Jくんは年長クラスになりました。Uさんは、同じクラスで同じように「何かがおかしい」と思う保護者数名を誘って、X保育園に相談に行きました。そこで保護者らは、「あまりに保育レベルが低いのでなんとかしてほしい」「改善されないのなら転園する」等を新任園長に伝えました。すると新任園長は、「まず実態を把握することが必要です」と言って、保護者らと一緒に年長クラスを観察し、生活発表会のビデオを観ました。保護者らが窺い知ることができたのは、X保育園の保育の計画は見通しを持った十分な保育の計画とはいえず、子どもたちは毎日適当に過ごしたという事実でした。
>
> 　新任園長は、「これでは子どもの最善の利益は守れない」と考え、日々の保育の環境づくりや遊び、運動会や生活発表会等の年間行事、見通しを持った保育の計画を作成するように全保育者に指示し、同時に毎週末に週案会議（各クラスの代表を集めた会議）をスタートし、保育の質と保育者の専門性の向上に努めました。

その結果、X 保育園の保育の質は、見違えるほど向上しました。J く
んは毎日楽しそうに登園し、後園後に園での楽しい出来事を U さんに
話すようになりました。翌年の 2 月、J くんの生活発表会に参加した U
さんは、「J くんが友達と一緒で楽しそう」「子どもたちが演奏で一つに
まとまった」と、感涙が止まらなかったそうです。

　保育の計画には、保育者が子どもの発達や遊びが連続し発展していく道筋
をみることができ、そこに大きな意味があります。これが見通しです。保育
の計画があることによって保育者は、子どもの理解に基づいた質の高い保育
ができるのです。

2. 保健計画と食育計画の実際

　保育所の保健計画や食育計画は、全体的な計画の中に含まれている場合や、
別立てになっている場合があります。ここでは、保育現場で実際に使われて
いる別立ての保健計画と食育計画を見ていきましょう。

(1) 保健計画

　「保育所保育指針解説」には、「保育所の子どもの健康増進に当たっては、
一人一人の子どもの生活のリズムや食習慣などを把握するとともに、全体的
な計画に基づいて年間の保健計画を作成し、発育及び発達に適した生活を送
ることができるよう援助する必要がある」（p.301）と記されています。ある
保育所の実例（表3-5）を見ると、保健計画とは保健目標を決め、その目標
を達成するために、保健行事や家庭との関わり、子どもの年齢別配慮、職員
や地域との連携等を考えてまとめた計画であることがわかると思います。
　保健計画や食育計画はいずれも、「今」の子どもの発達の様子や季節、年
齢別配慮、職員、家庭との連携等を考えて作成することが大切です。

53

表 3-5　保健計画（2021 年度）

保育目標	・健康で丈夫な身体をつくる ・年間を通して、薄着の習慣をつける ・手のひらマッサージ、裸足保育、乾布摩擦を行う

園長印　　主任印　　担当印

	1期	2期	3期	4期
	4～6月	7～9月	10～12月	1～3月
季節の目標	・新入園児、および全園児の健康状態を把握する ・戸外で元気に（年間を通して）遊ぶ ・基本的生活習慣（早寝・早起き・朝ごはん）を身につける ・感染症予防（手洗い・うがい・消毒の徹底）に努める	・水遊びを通して、身体づくりをする ・頭髪の観察（アタマジラミの早期発見と予防）をする ・基本的生活習慣を見直す ・感染症予防（手洗い・うがい・消毒の徹底）に努める		
保健行事	・全園児健康診断 ・歯科検診　（2歳児以上）	・プールの衛生		
健康増進	・当園前、毎朝検温し健康状態を把握する ・薄着の習慣をつける ・乳児は手のひらマッサージ、幼児は乾布摩擦をする ・裸足保育をする　（5月～10月）	・日々の健康状態に配慮しながら、日常の遊びや運動遊び、水遊びなどを通して体力づくりを図るとともに，発達を促す働きかけをする ・乳児は手のひらマッサージ、幼児は冷水摩擦をする		
健康教育	・子どもが自分の身体に関心を持つようにする	・身体の働きや命の大切さ等を伝える		
家庭との関わり	・日々の健康状態・健康診断結果および病気や感染症情報予防等を伝える ・子どもの健康状態について、家庭との連絡を密にし、無理のない生活が送れるよう配慮する	・日々の健康状態・健康診断結果および病気や感染症情報予防等を伝える ・子どもの健康状態について、家庭との連絡を密にし、無理のない生活が送れるよう配慮する		
年齢別配慮　0歳児	・規則正しい生活習慣に配慮し過ごす ・安全な環境に配慮し、事故予防に努める ・一人ひとりの子どもの体調や発育状態に応じた食事への配慮をするとともに健康状態の把握や成長発達を知る	・規則正しい生活習慣に配慮し過ごす ・安全な環境に配慮し、事故予防に努める ・一人ひとりの子どもの体調や発育状態に応じた食事への配慮をするとともに健康状態の把握や成長発達を知る		
1～2歳児	・大人との関わりを持ちながら、少しずつ生活習慣を身に付けていけるようにする ・予防接種、検診の確認をする ・健康診断を通して、成長発達の確認をする	・大人との関わりを持ちながら、少しずつ生活習慣を身に付けていけるようにする ・予防接種、検診の確認をする ・健康診断を通して、成長発達の確認をする		
3～5歳児	・予防接種状況を確認する ・生活習慣等、自分から行動ができるよう、健康教育を重視する（うまく訴えられない子どもの思いを汲み取る） ・定期健診の確認 ・肥満度判定を行う（3か月に1回）	・自分の身体のよい状態を知り，具合の悪い時は自分から大人に訴えられるようにする（うまく訴えられない子どもの思いを汲み取る） ・予防接種、検診の確認をする ・肥満度判定を行う（3か月に1回）		

(2) 食育計画

　食育は、「保育所保育指針」第３章を基本とし、「食を営む力」の基礎を培うことを目標として実施されています。例えばある保育所では、食育が推進されて「食べ方」が注目されている中で、個人差に十分配慮しながら、口や歯、手指、心の発育・発達に応じた食育計画を作成しています（表3-6）。

　この保育所の食育方針は、「食を通して、人間関係を築く」「行儀やマナーを身につける」「植物や野菜を栽培、収穫し、食べる喜びを知る」であり、食育目標は、「元気に遊べる身体をつくる」「豊かな心を育む」「食事のマナーを守る」「友達や職員と一緒に楽しく食べる」「食べ物の育ちを知る」「食材に触れ、食べる楽しさを知る」ことです。

　食育計画では、子どもの年齢や季節等に適した給食やおやつの献立を考え、子どもたちが食べる喜びを味わうことができるよう心がけています。実際、子どもたちは友達や保育者と一緒だと、会話が弾んで楽しく食べることができるのです。また、保育所では植物や野菜を栽培して収穫し、子どもの発達に応じて食べる喜びを知ることができるような食育計画を実践しています。

表3-6 ある保育所の食育計画

	6か月未満児	6か月～1歳3か月未満児	1歳3か月～2歳未満児	2歳児
育てたい子どもの姿〔ねらい〕	空腹を感じたら泣く、または知らせる。母乳、ミルクを飲みたいだけゆっくり飲む 保育士にゆったり関わられ、安定した人間関係の中で心地よい生活を送る 母乳、ミルク以外の味を知る	食べることに期待を持ち、お腹がすいたら訴え催促する 母乳、ミルクを飲み、離乳食を食べて心地よい生活を送る いろいろな食品や調理形態に慣れて離乳が進み、楽しい雰囲気の中で自分から食べる	食事を喜んで食べ心地よい生活を送る いろいろな食べ物を見る、触る、味わう経験を通して自分で進んで食べようとする 楽しい雰囲気の中で自分で食事をしようとし、好きな食べ物が増える	保育者を仲立ちとして、友達と一緒に食べる楽しさを味わう ＋ 安定した生活リズムを身につける
食と健康	よく遊び、よく眠る 保育者にゆったり抱かれて母乳、ミルクを飲む 授乳の前後や汚れた時に顔や手を拭いてもらう（「見通し」が持てるよう語りかける）	はじめての食品や料理を経験する 発達に応じて離乳が進み、幼児食に移行する 食事の後、お茶を飲んで口の中がきれいになる心地よさを感じる 食事の前に保育士と石鹸で手を洗う 食後に自分のタオルで手や口、顔を清潔にすることの心地よさを感じる	よく遊び、よく眠る、食事を楽しむ いろいろな種類の食品や調理形態に慣れる 乳歯が徐々に生え揃い、歯でよく噛んで飲み込む よく噛んで食べる 口の周りを拭き保育士の手助けによってうがいなどができる 食事の前に保育士と一緒に手洗いする 徐々に補助されながら自分で石鹸で手を洗う 食後に保育士のしぐさを真似して自分で手や口、顔を拭こうとする	よく遊び、よく眠る、食事を楽しむ 嫌いなものでも少しずつ食べようとする 保育士の言葉がけによって交互に食べようとする ぶくぶくうがいができる 食後の歯磨きをしてもらう（はは歯の日以降） 保育士が見守る中、手洗い等、身の回りを清潔にし、食生活に必要な活動を自分でする
	6か月頃	7～8か月頃	1歳頃	1歳6か月頃 / 2歳頃
食と人間関係〔コミュニケーション〕	授乳をしてくれる人に関心を持つ（授乳中に、子どもと目線を合わせ語りかける）	授乳や食事を食べさせてくれる人に信頼感を持つ	楽しい雰囲気の中で自分で食事しようとする	・友達と楽しんで食事や間食をとる ・「もっとちょうだい」「いらない」を言葉で表現できる 自分と他の子どもの食べ物の区別がわかる
食と文化〔食文化の伝承・マナー〕	母乳・ミルク以外の味やスプーンから飲むことに慣れる 用意された食べ物に興味を持つ	手づかみでも、自分で食べようとする スプーンやフォークを使って、自分で食べることに興味を持つ コップで飲むことに慣れる 好きな食べ物が少しずつ増える	スプーンを箸の持ち方で持って食べる 食べ物の名前がわかる	
給食	母乳・ミルク 個々の生活リズムに応じた授乳の時刻、回数、量、温度に配慮する	離乳食、おやつ1回 子どもの発育状況、咀嚼や嚥下機能の発達状況に応じ、食品の種類や量を増やし調理形態や食具に配慮する。家庭と連携を取りながら個人差に配慮した関わりをする	完全給食、おやつ1回 咀嚼や摂食行動の発達を促していくことができるよう食品や料理の種類を広げる。また、食べることが楽しい、自分で食べたいという意欲を培うための食事内容、食具・食器の種類などに配慮する。	
家庭との連携	【園】 ★離乳食食材チェック表 ●園離乳食献立チェック表 離乳食、幼児食のサンプルを展示し、保護者に関心を持ってもらう／行事の際、玄関に食材や食品を飾る（京野菜、月見団子、鏡餅） 【家庭】 実施献立を確認できる展示食の設置（毎日）／献立表の配布（月1回）／懇談会の際に試食会を行いレシピを配布（年1回）／除去表の配布（月1回）			

■ 引用・参考文献 ─────────

千葉武夫・那須信樹（編）（2016）教育課程・保育課程論　中央法規出版
千葉武夫・那須信樹（編）（2019）教育・保育カリキュラム論　中央法規出版
加藤敏子・岡田耕一（編著）（2019）保育の計画と評価を学ぶ　萌文書林
厚生労働省（2017）保育所保育指針　フレーベル館
厚生労働省（2018）保育所保育指針解説（平成 30 年 3 月）　フレーベル館
文部科学省（2013）指導計画の作成と保育の展開　フレーベル館
文部科学省（2017）幼稚園教育要領　フレーベル館
森上史朗（1983）「保育の計画の意義」岡田正章・平井信義（編著）保育学大辞典〈第 2 巻〉
　　第一法規　pp.3-14.
内閣府・文部科学省・厚生労働省（2018）幼保連携型認定こども園教育・保育要領解説　フレー
　　ベル館
日本保育学会保育政策検討委員会（2021）保育・幼児教育の質の向上のための政策：国の報
　　告と自治体の先進事例から学ぶ　第 1 回公開シンポジウム　p.38.
汐見稔幸（2020）ゆるゆる学ぶ保育の質と指針・要領　エデュカーレ
荘司雅子（1985）フレーベル教育学への旅　日本記録映画研究所
荘司雅子（1985）幼児教育学　柳原書店
民秋言 他（編著）（2020）保育所実習〈新版〉　北大路書房
内海緒香（2017）5 つの保育カリキュラムと OECD 保育白書の議論：カリキュラム策定への
　　示唆　人文科学研究，13，pp.151-160.

まとめの演習

1 第3章を振り返り、「保育所における全体的な計画を作成する場合の大切な視点」について、自分の言葉で200字程度にまとめて書いてみましょう。自分の言葉で書き出してみることが、学びの定着につながります。

2 第3章で紹介した「子どもの理解に基づく保育のPDCAサイクル」について、下の図の中に言葉を添えて説明できるようにしましょう。

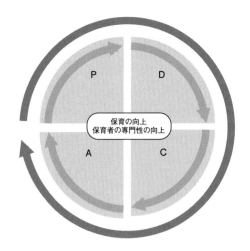

3 グループ（5～8名程度）で、架空の保育園を想定し、「その保育園が理想とする保育理念」について、イマジネーションを膨らませながら話し合って、まとめてみましょう。また、「理想を表すよい保育園名」があれば、話し合って命名してみましょう。

第 **4** 章

保育所における保育の計画

 この章のポイント ....

● 保育所の社会的背景を様々な側面から理解する。

● 保育所保育指針における保育の計画と評価の必要性を学ぶ。

● 事例をもとに、保育が柔軟に行われる際の保育者の配慮について考える。

....

1. 保育所を取り巻く社会の変化

(1) 保育所を利用する子どもの増加

　1986 年の男女雇用機会均等法の成立以降、女性の社会進出の度合いは年々高まってきています。内閣府（2021）の男女共同参画局による「男女共同参画白書　令和 3 年版」では、1997 年以降、「雇用者の共働き世帯」数が「男性雇用者と無業の妻から成る世帯」数を上回り、特に 2012 年頃からその差は急速に拡大していることが報告されています。2020 年には、「雇用者の共働き世帯」が 1,240 万世帯、「男性雇用者と無業の妻から成る世帯」は 571 万世帯となっています。こうした共働き世帯の増加によって、保育所を利用する子どもの数は年々増加しています。一方で、保育所利用のニーズが増えたことにより、都市部を中心とした待機児童の問題が浮き彫りになりました（図 4-1）。

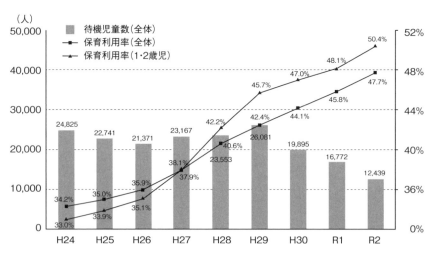

図 4-1　保育所等待機児童数及び保育所等利用率の推移（厚生労働省，2020a より）

(2) 子どもをめぐる様々な課題

待機児童の問題に限らず、近年の少子化や核家族化、地域との関係の希薄化等を背景として、親の子育て不安や、子育て家庭の孤立化、児童虐待、子どもの貧困等、子どもをめぐる様々な課題がクローズアップされてきました。

国はこのような状況に対応するため、2018 年に引き上げられた消費税を財源とする子ども・子育て支援新制度を施行しました。この制度は、幼児期の学校教育や保育、ならびに地域での子育て支援の量の拡充や質の向上を進めていくためにつくられた制度であり、必要とするすべての家庭が利用でき、子どもたちがより豊かに育っていける支援を目指しています。幼保連携型認定こども園の普及や家庭的保育、小規模保育等、0 歳から 2 歳の子どもを保育する地域型保育事業等により、子どもの年齢や保護者の就労状況などに応じた、様々な支援が行われるようになりました。

(3) 深刻化する子どもの背景と保育所

2019 年度中に児童相談所が対応した児童虐待相談の対応件数は 193,780 件で、前年度に比べ 33,942 件（21.2％）増加しています。虐待による死亡も後を絶ちません（厚生労働省，2020c）。

子どもの健康や安全に対する問題も見逃せません。近年では、食生活の多様化や価値観の変化等が見られる一方で、孤食や欠食といった問題も見られ、社会全体で食育の重要性が高まっています。あわせて、重度のアレルギー疾患を持つ子どもも増えていることから、個々のニーズに応じた支援も求められています。

また、安全面では、東日本大震災をきっかけに地震や津波といった自然災害等に対する緊急時の対応のあり方が見直されています。さらに、2019 年に初めて世界で確認された新型コロナウイルス感染症をいかに防ぐかは、長時間、子どもを保育する保育所において大きな問題となっています。

保育所は、このような深刻な状況も引き受けながら、日々の保育を実践し

ています。このことを含めて、これまで述べてきた保育所を取り巻く様々な社会状況の変化を、まずはよく理解しておきましょう。子どもを取り巻く社会状況の変化や課題に対応する保育所の役割は非常に重要になってきています。

2. 保育所保育における幼児教育の位置付け

(1) 保育所保育指針の改定の方向性から

　1. で述べた社会状況や課題を踏まえて、2017 年 3 月に改定された保育所保育指針では、基本的な視点として次の 5 点が示されました。

・乳児・1 歳以上 3 歳未満児の保育に関する記載の充実
・保育所保育における幼児教育の積極的な位置付け
・子どもの育ちをめぐる環境の変化を踏まえた健康及び安全の記載の見直し
・保護者・家庭及び地域と連携した子育て支援の必要性
・職員の資質・専門性の向上

　改定の方向性の中でも特に大きいのは、保育所が幼稚園や幼保連携型認定こども園と同様に幼児教育を行う施設として位置づけられたことです。保育所保育指針、幼稚園教育要領、幼保連携型認定こども園教育・保育要領の幼児教育に関する記載がほぼ共通化されています（汐見，2017）。
　これらの背景には、共働き世帯の増加による幼稚園と保育所を利用する子どもの割合の変化、長時間保育が可能な保育所や幼保連携型認定こども園の増加等が影響していると言えます。学校基本調査（文部科学省，2020）および保育所等関連状況取りまとめ（厚生労働省，2020a）によると、満 3 歳から就学前の子どもを対象とする幼稚園の在園者は、2020 年で 1,078,496 人に

対して、保育所の利用者数は 2,737,359 人となっています。また、同年の幼稚園数が 9,698 か所に対して保育所数は 37,652 か所となっています。さらに、1・2 歳児の 4 割前後は保育所に通っており、3 歳以上児の大半が幼稚園か保育所に通っている現状があります（図 4-2）。つまり、従来のように教育は幼稚園、福祉は保育所という枠組みを超えて、日本の就学前教育・保育施設は保育所も幼稚園も幼保連携型認定こども園も、どこへ行っても同じ質の教育が受けられるということが社会的にも求められるようになってきたのです。

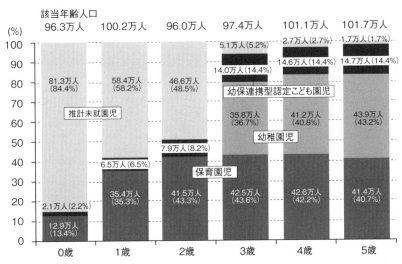

※該当年齢人口は総務省統計局による人口推計年報（2017 年 10 月 1 日現在）より。
※幼保連携型認定こども園の数値は「認定こども園に関する状況調査」（2018 年 4 月 1 日現在）より。
※「幼稚園」には特別支援学校幼稚部、幼稚園型認定こども園も含む。幼稚園、幼稚園型認定こども園の数値は「学校基本調査」（速報値、2018 年 5 月 1 日現在）より。特別支援学校幼稚部の数値は「学校基本調査」（確定値、2017 年 5 月 1 日現在）より。
※保育園の数値は「待機児童数調査」（2018 年 4 月 1 日現在）より。なお、「保育園」には地方裁量型認定こども園、保育所型認定こども園、特定地域型保育事業も含む。4 歳と 5 歳の数値については、「待機児童数調査」の 4 歳以上の数値を「社会福祉施設等調査」（2017 年 10 月 1 日現在）の年齢別の保育所、保育所型認定こども園、小規模保育所の利用者数比により按分したもの。
※「推計未就園児数」は、該当年齢人口から幼稚園在園者数、保育園在園者数及び、幼保連携型認定こども園在園者数を差し引いて推計したものである。
※四捨五入の関係により、合計が合わない場合がある。

図 4-2　保育園と幼稚園の年齢別利用者数及び割合（2018 年）（内閣府，2019 より）

そのため、保育所保育指針の第1章総則の中で「幼児教育を行う施設として共有すべき事項」として記載され、「育みたい資質・能力」と「幼児期の終わりまでに育ってほしい姿」を共通のものとして、小学校との円滑な接続が意識して行われるようにもなってきています。

(2) 保育の計画及び評価

保育所のカリキュラムという視点から、これまでの内容を振り返ってみたいと思います。2017年の保育所保育指針の改定では、「保育の計画及び評価」が総則に示されました。それまでの「保育課程の編成」が「全体的な計画の作成」となって、幼稚園教育要領と幼保連携型認定こども園教育・保育要領との整合性が図られています。この全体的な計画は、保育所保育の全体像を示しており、その全体像に基づいて、指導計画や食育計画、保健計画、安全計画等が作成されることになります。このように見ると保育所におけるカリキュラムは、様々な社会背景によって生み出された課題から、まさに子どもの最善の利益を守り、その成長を保障していく道筋を指し示すものと言えます。逆に言えば、カリキュラムとして計画的、体系的に示される内容は、子どもたちを取り巻く社会の様々な背景や課題を映し出しているとも言えるのです。

2節 保育所保育指針における保育の計画と評価の基本的な考え方

1. 保育の計画の基本的な考え方

(1) なぜ計画が必要なのか

保育所保育指針解説（厚生労働省，2018）では、「乳幼児期は、生活の中で興味や欲求に基づいて自ら周囲の環境に関わるという直接的な体験を通し

て、心身が大きく育っていく時期」と述べられています。保育所では、子ども
たちにさまざまな「環境」を提供することによって保育を展開します。

　それでは、保育者が子どもの興味や関心を引くものや遊びを何でも準備す
ればよいのでしょうか。子どもが自発的、能動的に環境に関わることが大切
だからと、保育者はただ安全を見守っておけばよいのでしょうか。このよう
な、いわば行き当たりばったりで放任的な保育では、各園が掲げる保育の目
標を達成し、子どものよりよい育ちに必要な経験を保障することはできない
でしょう。

　保育者が一方的に活動を計画し、その計画通りに行いさえすればよいので
しょうか。これでは、子どもの思いや願いが置き去りにされ、保育者の自己
満足による「させる保育」で終わってしまう危険性があります。つまり、保
育所における保育では、子どもたちの姿から、これまで経験してきたことや
興味・関心、思いや願い等を理解し、長期的な視点で子どもの発達を見通し
ながら保育者の願いや意図を重ね合わせて、養護と教育が一体となった保育
を計画的につくり出すことが重要なのです。

(2) 子どもの実態や生活の連続性を大切にする

　みなさんは保育を計画する時、何から考えるでしょうか。「私は作るのが
好きだから、本に載っていた動く車を作ってみよう」「研修で覚えた運動遊
びをしよう」といったように、まず子どもの行う活動が思い浮かぶ人も多い
のではないでしょうか。中には、保育所の生活時間は長いため、子どもたち
が時間をもてあますのではないかと不安になり、いくつも遊びや活動を計画
したくなる人がいるかもしれません。確かに、その日に何を行うのかが決まっ
ていなければ保育はできません。しかし、活動だけに目を奪われた計画、活
動だけを羅列した計画では、本当の子どもの育ちにはつながりません。なぜ
なら、子どもたちの育ってきた「これまで」と育つことが期待される「これ
から」の姿が反映されていないからです。

例えば、前の週に崩れても崩れても、繰り返し泥団子を作っていた子どもたちがいたら、みなさんはどうでしょうか。きっと翌週の計画を立てる時に、「絶対に泥団子を作ってみせる！」と諦めない子どもたちの「これまで」の思いを、何とか実現させてやりたいと願うでしょう。そして、泥団子作りに粘り強く関わる中で自分なりに納得のいくものができた時の喜びや達成感に満ちあふれるであろう「これから」の姿を思い描くことでしょう。そうしたことが一切反映されず、保育者がしようと思った活動だけを与えるとするならば、それは子どもの育つ芽を摘み取ってしまっているようにも思えます。

　日々、子どもの生活や心の中に入り込んで思いに共感している保育者にしか捉えられない子どもの姿や思いがあります。子どもの行きつ戻りつしながら、目には見えにくいけれども確かに発達しつつある姿や生活の連続性に配慮した計画を立てていくことが重要です。

　ある学生が実習の振り返りで次のように述べました。「実習に行くまでは、何をしようかと遊びをたくさん考えていました。でも実際に行ってみると使えるものばかりではなかったです。やっぱり、子どもを目の前にして、今、何に興味を持っているかを捉え、計画していかなければならないことに気づきました」。目の前にいる子どもたちの姿から見えてくるものを敏感に捉え、いつもそこから計画のできる保育者でありたいものです。

2. 評価の基本的な考え方

　保育を計画し、実践したままでは大切なことに気がつかなかったり、よりよい手立てを改善し、工夫したりする保育者とはいえません。子どもにとって今日のねらいはどうであったのか、環境構成や援助は適切であったのか等、保育者の指導の改善という側面と、子どもの発達の理解といった側面の双方から振り返り、評価することが大切です。しかし、評価することは、決して保育者の計画が上手くいったかいかなかったかに一喜一憂することではあり

ません。また、子どもができたかできなかったかの判定を下すことでもあり
ません。

「今日初めて出した手作りおもちゃ。初めは興味津々で触っていたけど、すぐに違う遊びに気持ちが向いたのはどうしてだろう」「子どもたちが気づくかなと思って、保育室の隅に段ボールを置いていたけど反応がなかったな。こんな物も使えるよと提案してもよかったな」「最近、子どもたちの言動が荒く、ストレスがたまっているみたい。行事続きでゆっくり遊べていないから来週はゆったり遊ぶ時間を確保していこう」などといったように振り返り、次の指導の手がかりを探ることです。

自身の立てた保育の計画と実践が本当に子どものためになっていたのか、その環境構成や援助で果たして本当によかったのか、他の手立てはなかったのか等を丁寧に振り返り、いつも子どもの最善の利益を考慮した保育の計画や指導を目指して改善を図りましょう。

事例１　弱ったインコを助けたい！：計画の柔軟な変更

オサム先生は大学を卒業したばかりの新任保育者で、５歳児を担任しています。５月のさわやかな風が吹くある日のこと。オサム先生と数人の子どもたちは戸外で鬼遊びをした後、片付けをしてテラスの靴箱に戻って来ました。これから保育室に戻ってお茶を飲んだ後、計画をしていたクラスのまとまった活動があるのです。この日の活動は、絵の具を使って家族の顔を描くといったものです。オサム先生は前日、遅くまで絵の具の色を調整したり、子どもたちが選べるよう色の違う画用紙などを複数準備していました。

上履きに履き替えて保育室へ戻ろうとした時でした。ある女児が「先生、大変！」と言って弱ったインコを手のひらにのせ、走って来ました。戸外の遊びから戻ってきた他の子どもたちも「どうしたの？」と集まってのぞき込みます。どうやら、近隣で飼っていたインコが逃げ出し、園の木にとまったけれども、弱っていて地面に落ちたようでした。

オサム先生は絵を描くのに時間がかかることが予想されたので、困りました。予定した活動を時間通りにできないと、後の給食の時間に影響します。しかし、そんなオサム先生の戸惑いに構うことなく、子どもたちは「どこから来たのかな」「飼い主を探して助けないと」と口々に言います。そこで、ひとまず園長先生に状況を伝え相談することにしました。

　すると、園長先生は「インコを助けたいっていう今の子どもたちの気持ちのほうが、絵を描くよりも大切なんじゃないかな」と言いました。オサム先生は、ハッと気がつきました。計画し、準備したことを進めることばかり頭にあり、肝心の子どもたちの気持ちに心を寄せられていなかったことが恥ずかしくなりました。そこで、インコを連れて保育室に戻り、クラスの子どもたちに「飼い主を探すにはどうしよう？」と投げかけました。相談の結果、紙にインコの絵と「かいぬしをさがしています」と記したチラシを作り、近隣の人がよく通るであろう近くの公民館や小学校のフェンスに貼らせてもらいに行くことにしました（園長先生にもお願いして園外について来てもらいました）。

　結局、家族の顔の絵はその日描くことはできませんでした。しかし、その日、帰るまで子どもたちの間ではインコの話題で持ちきりでした。そして、迎えに来た親に「今日ね、インコがね」と一生懸命に伝えている子どもの姿を見て、オサム先生はこれでよかったとうれしくなりました。

　子どもたちの生活はいつ、何が起こるかわかりません。この事例1のような状況に出会った時、保育者は計画していた活動を取るのか、その状況を解決するための計画にない活動を取るのか判断を迫られることがあります。当然、一人の判断で決められないことや、子どもの気持ちは理解できても行事等があればそれを変更することは難しいかもしれません。

　しかし、保育者は様々な条件が許す限り、子どもたちにとってよりよい育ちにつながるのはどういった体験なのか、を考えて判断することが大切です。保育所保育指針解説（厚生労働省, 2018）には、「子どもに計画通り『させる』

保育ではなく、その時々の子どもの状況や遊びの展開に応じて環境を適宜変えていくなど、保育者等の適切な判断の下、保育が柔軟に行われること」とあります。子どもの豊かな体験を積み重ねるためには、保育者の計画に対する柔軟で、しかも責任を持った対応が求められるのです。

……● 事例2 頑張りすぎたリカ先生：保育者の「意図」と子どもの「思い」がずれる時 ……

　３歳児を担当している新採用のリカ先生は、好きな遊びの中で、少しずつ楽器に触れる経験をしてほしいと考え、カスタネットを先週から出しています。数人の女児が関心を持ち、音楽に合わせ楽しそうに打つ様子が見られ始めました。そこで、次の週のクラス活動で初めて全員がカスタネットに触れる経験をしてほしいと考え、楽器遊びを計画しました。当日は全員分のカスタネットを用意し、「カスタネットの扱い方を知る」ことと「カスタネットに触れながら、音を鳴らすことを楽しむ」というねらいを立てました。

　子どもたちが互いに顔を見ながら楽しめるよう、椅子はコの字型に並べ、リカ先生は子どもたちからよく見える位置に座ります。リカ先生が「カスタネットさんって呼んだら、はあいと鳴らしながら返事をしてね」と言って呼びかけると、子どもたちは「はあい」と可愛らしくカスタネットを打って返事をします。何度か行った後、リカ先生は次に計画していた通り「今度は先生の真似っこだよ。よく聞いてね」と言い、「タンタンタン」「タタタタタン」とカスタネットを鳴らします。子どもたちは一生懸命にリズムを聴きながら、うれしそうに真似をします。その様子にリカ先生もうれしくなり、「今度は、難しいぞ！」と言っていろいろと楽しみます。子どもたちとリカ先生の間で、テンポよく、それでいてお互いに笑顔になる穏やかな時間が流れます。

　ふっと一息ついた時、時間は15分ほど経っていました。まだもう１つ計画していることがあります。リカ先生は「よし、次だ」と思い、子どもたちに「今度は、２つのグループに分かれて、音楽に合わせてやってみるよ」と伝えました。子どもたちを中央で２グループに分けて、真っ

直ぐに向かい合わせで並ばせます。少し気を引き締めた表情で「これか
ら音楽に合わせてします」と言って親しんでいる曲をかけ、片方のグルー
プから「タンタンタン、ウン（休み）」と分担奏を始めました。ところが、
子どもたちは先ほどまでの表情や反応とは打って変わり、戸惑った様子
で全くのってきません。リカ先生は「はい、ここで打つよ！」としだい
に大きな声を張り上げて指示を繰り返しますが、子どもたちは一向につ
いてきません。結局、飽きた子どもが数人、ウロウロし始めたため、何
となく片付けをして終わりました。

　保育後、リカ先生は子どもたちの反応が鈍く、ついてこられなくなったこ
とに何となく気がついていたようでしたが、活動を計画通り進めることに必
死だったため、よく覚えていないとのことでした。そこで、側で見ていた園
長先生はリカ先生と一緒に、どこで子どもたちとの波長が合わなくなったの
か、その要因は何だったのかを考察することにしました。
　リカ先生は、初めての楽器遊びであったにもかかわらず、多くのことを望
んで活動を進めようとしてしまったこと、ねらいは「カスタネットに触れな
がら、音を鳴らすことを楽しむ」であったのに、分担奏で自分が打ち方を全
て指示して、その通りにさせようとしていたことが、子どもとの間にズレを
生じさせていたことに気がつきました。そして、「次はもう少しゆったりと
した活動の中で、子どもの楽しさに共感して思い切り自分自身も楽しんだり、
それぞれの子どもの打ち方をよく見て返したりするようにしたいです」と次
の改善点を見つけていきました。
　この事例２のように、子どもたちが急に先ほどまでと違う様子を見せて保
育者が戸惑うことはよくあることです。その際、大切なことは、保育者が捉
えた子どもの心の状態や様子と、実際に子どもたちが見せた姿の間にどのよ
うな意味があったのかを省察することです。計画はあくまでも仮説です。実
際に行った時の子どもの反応から、自身の保育を見つめ、子どもの発達の過

程に沿った無理のない活動になっているか、子どもの興味や関心に合ってい
て「楽しい保育」になっているかを確かめながら、改善していきましょう。

3節　全体的な計画と指導計画（長期・短期）の作成と実践例

1. 全体的な計画と指導計画の作成上の留意点

　保育の計画は、全体的な計画と指導計画からなります。全体的な計画は、
園の総合的な計画であり、子どもの入園から卒園までの育ちの全体を見通し
た計画です。全体的な計画は園によって形式は様々ですが、保育理念や保育
目標等が書かれており、園の全職員が共通理解しておくものです。一例とし
て、ある保育所（以下、園）の全体的な計画を示します（表4-1）。実習生や
初任者であっても、必ず園の全体的な計画に目を通し、園の保育理念や保育
目標を理解するように努めましょう。

　指導計画は、クラスごとの保育計画であり、長期指導計画と短期指導計画
からなります。長期指導計画には、年間指導計画、期別指導計画、月間指導
計画（月案）があります。短期指導計画には、週間指導計画（週案）、日案、
部分案があります。本項では、年間指導計画、月案、週案、日案について説
明します。第3章の2節も参考にしましょう。

　年間指導計画は、全体的な計画に基づいて作成され、1年の保育のねらい
や配慮事項、行事等を記載します。月案は、1か月の保育の計画です。年間
指導計画とのつながり、前の月の子どもの姿を踏まえ、ねらいや内容、環境
構成等を書きましょう。週案は、1週間の保育の計画です。月案とのつなが
りを踏まえ、ねらいや準備物、配慮事項等を記載します。日案は、その日を
どのように保育するのかを計画したものです。前日の子どもの姿を踏まえて
記載しましょう。表4-2に月案の例、表4-3に週案の例を示します。それぞ

表4-1　保育所の全体的な計画（A保育園の例）

2020年度　全体的な計画

保育の理念

太陽をいっぱいにうけて、明るく元気でたくましい子どもを育てる。
何事にもねばり強く取り組み、最後までやり遂げる子どもを育てる。
心優しく、創造力豊かな子どもを育てる。

【保育方針】

・行き届いた養護と安らぎのある環境のもとで子どもの欲求を満たし、快適な生活と情緒の安定を図る。
・基本的な生活習慣や態度を養い、健康な身体と自立心を培う。
・しっかり体力づくりに取り組むと同時に、全面的な発達が図られるようにする。
・温かい人間関係の中で人への愛情と信頼感、集団活動を通して自主性と自立性、協調性を培う。
・体験を通して自然や社会への興味や関心を育て、豊かな心情と思考力を養う。
・生活や遊びの中での言葉への関心を育て、聞く力・話す力を養うとともに、言葉の感覚を豊かに育てる。
・様々な感動体験を通して豊かな感性を育むとともに、表現活動を盛んにして創造性を伸ばす。

保育目標　　A保育園の目指す子ども像

・健康や安全など、生活に必要な基本的な習慣や態度を身につけた子ども
・情緒が安定し、落ち着きのある子ども
・戸外で身体を動かして、皆と一緒に生き生きと明るく楽しんで遊べる子ども
・意欲的で何でも自分でしようと、皆で協力して最後までやり抜くねばり強さを持った子ども
・自然に親しみ、自然を愛する子ども
・自然の営みの大きさや不思議さに興味や関心を持ち学しようとする心を持つ子ども
・身近な社会の出来事や暮らしの様子に興味や関心を持ち、行事などを喜んで参加する子ども
・生活や遊びの中で、数・量・形・位置・時間など物事に興味や関心を身につけた子ども
・人の話を落ち着いて聞き、自分の考えをはっきり話す態度を身につけできる子ども
・絵本や童話が好きで、言葉の感覚が豊かな子ども
・感性が豊かで、素直でのびのびとした造形表現や音楽表現のできる子ども

【保育園の役割】

・保育を必要とする子どもの保育を行い、子どもの最善の利益を考慮し福祉の増進を図る。
・保育に関する専門性を有する職員が、家庭との緊密な連携の下に、子どもの状況や発達過程を踏まえ養護および教育を一体的に行う。
・家庭や地域の様々な社会資源との連携を図る。
・入園児の保護者に対する支援および、地域の子育て家庭に対する支援をする。
・倫理的に裏付けられた専門的知識、技能及び判断をもって保育する。
・子どもの保育者に対する、保育に関する指導をする。

【保育園の社会的責任】

・子育て家庭や地域に対し、保育園の役割を確実に果たす。
・保育園が行う子ども一人一人の人格を尊重して保育を行う。
・保育園が持つ保育の内容を適切に説明する。
・保育にあたり知り得た子どもや保護者に関する情報は、正当な理由なくして漏らさない。
・苦情解決の窓口を設け、書面にて保護者に伝える。また、苦情にて保護者の内容を職員の共通理解とし、より良い保育の実現につなげていく。

保育の環境

〈人的環境〉
・周囲の子どもや大人と関わることが
展開され、人との関わりを育めるよう環
境を整えていく。

〈物的環境〉
・子どもにとって、安全で保健的な環境、温
かな親しみとくつろぎの場になるよう環境
を整えていく。

〈自然や社会の事象〉
・子どもの興味関心を高めていけるよう、自
然や社会の事象などとの出会いの場を整えていく。

【地域の状況と子どもの状況】
A保育園の所在するB市のC小学校区は、D駅より約3km南西部に位置し、市中心部への通勤、通学に至便の地域である。高層マンションや商業企業の進出が相次いで、急速に市街化している。それに伴い児童数も増加傾向にあり、学区のC小学校も1994年には分離してE小学校の新設があった。
2002年3月には、園舎の増築改修工事を実施し、定員を150名から180名へと30名増加(2003年4月1日より)。待機児解消に向け努力するのと同時に、引き続き、園児の健全育成を目指し保育内容の充実を図る。
2020年4月現在、180名定員で179名在園している。C、F学区が中心で、E学区、G学区、H学区などと広範囲から通園している。
核家族やマンション・アパート生活の子どもが大半を占めているが、全体的には落ち着いて生活している。

【保育時間】
・平常保育　7～18時
・延長保育　18～19時

【園内研修】
・クラスの様子や子どもアレルギー、ひきつけのある子どもについて職員間で共通理解する。また、気になる子どもや支援が必要な子どものケース会議を行う。
・保育の保育方針について学び合い、全体的な計画、発達過程、年間指導計画等の見直しをしていく。　など

【クラス編成】
0歳児　もも年少組
1歳児　もも年長組
2歳児　れもん組
3歳児　みかん組
4歳児　ゆり組
5歳児　あじさい組

【主な行事】
入園式、誕生会、春と秋の運動会、水族館見学、プール、七夕、保育参観、秋の遠足、交通安全指導(B市)、クリスマス会、もちつき、七草、とんど、まめまき、ひなまつり、発表会(音楽・生活)、卒園式　など

【保育園・幼稚園・小学校との連携】
・小学校一日体験入学への参加
・保幼小連絡会議
・保育所児童保育要録の送付　など

【職員】
園長1名、副園長1名、主任・保育士25名、栄養士2名、調理師2名、事務職員1名、外来講師(音楽:2名、英語:1名、硬筆:1名、水泳:1名)、嘱託医師(内科:1名、歯科:2名)

【地域との連携】
・C学区安全・安心ネットワーク
・老人ホームへの訪問
・星空サマーコンサートへの参加

表4-2　月間指導計画の例〈11月　5歳　あじさい組〉

子どもの姿
○10月の運動会・生活発表会では、一つひとつの演技や歌に取り組む中で、子どもが達成感や悔しさを味わったり、諦めない気持ちや友達を応援する気持ちを感じたりすることができた。
○友達との思いの違いからいざこざが生じることもあるが、互いの気持ちを出し合ったり意見を伝えたりする機会となり、落ち着いて話をする姿がみられた。

ねらい
○秋の自然に触れ、身の回りの変化を感じ、自然の事象を楽しみ、関心を深めていくことができる。
○友達に思いやりの気持ちを持って関わることができる。

		内容	環境構成	予想される子どもの活動	保育士の援助と配慮
養護	生命の保持	○インフルエンザや新型コロナウイルス感染症に関心を持ち、安全や衛生に気を付けながら過ごすことができる。	○子どもの体調について、家庭と連絡が取れるように、連絡先を必ず把握しておく。○安全や衛生について話し合ったり、絵本で知ったりできるようにする。	○病気の予防に関心を持ち、自ら手洗い、うがいを丁寧に行う。○体調が悪い時には、自分で伝えられる。症状がある場合、マスク着用や咳エチケットができる。	○一人ひとりの顔色、食欲、機嫌、体温等、細やかに観察、把握し、体調不良に気づいたら子ども自身が自分の体調を保育士に伝えることができるように配慮する。
	情緒の安定	○周囲から認められたり褒められたりする体験を通して、自信を持って物事に取り組むことができ、意欲的に遊びに過ごせるようにする。	○望ましい行動が少しでもできたり、できそうな兆しが見られた際には、一人ひとりが十分に認められ褒められる環境をつくる。	○自分だけでなく友達の良いところにも目を向け、気づいたり、励ましたり応援したり、待ってあげたりすることができる。	○子どもたちの良いところを個別に認めているところを、子どもたち同士でも認め合えたりするように、活動に自信を持って取り組めるようにする。
教育	健康・人間関係・環境・言葉・表現	○消毒、手洗いうがいを徹底する。○必要に応じて、衣服の着替えをし、体調管理をする。○食事のマナーを知り、守って食事をする。○友達と積極的に関わり、思いを伝え合いながら過ごす。	○泡石鹸、アルコール消毒を安全に正しく使用できるよう注意する。○手洗い、うがいの大切さを話し、しっかりとらえるよう、絵本を用意したり、正しい洗い方を確認し合ったりし、手洗い場を清潔に保つようにする。	○手洗い、うがい、消毒をする意味に気づき、丁寧に行う。○気温に合わせ自分で衣服の調整をする。○姿勢や箸の持ち方に気を付け食事をする。○自分の思いを聞いたり、できる。友達の思いを聞いたり、できる。自分の思いを表現したりできる。	○保育者も子どもたちと一緒に手洗い、うがいをする中で、大切さや正しい洗い方を知らせていく。○食事を楽しむ中で、食べ物のありがたさや栄養について話し合っていく。

行事
○サツマイモ掘り、たらばな鍋（上旬）
○卒園制作（親子行事）（7,21日）
○警察署員による交通安全指導（9日）
○たらばな　おはなやさん（中旬）
○消火避難訓練（17日）
○誕生日会（26日）

74

	保育士間の確認事項	自己評価	子どもの評価
教育 健康・人間関係・環境・言葉・表現 ○サツマイモ等の栽培物の生長に気づき、感謝の気持ちをもって収穫も味わう。秋の自然に触れ、興味関心を深める。 ○自分の考えや思いを言葉で表現し、伝えたり発表したりする。 ○季節の歌や心を込めて歌う。 ○様々な用具や自然物等の材料を使って、絵を描いたり、染め物をしたりして自然物と十分に関わることができるようにする。	○寒くなり、体の動きが硬くなりやすい。衣服の調整や準備運動等で、怪我のないように留意する。 ○子ども同士で話し合ったり協力しやすい、小グループ活動の機会をつくる。 ○クリスマスを楽しみに期待を持つことができるように絵本や図鑑を用意しておく。 ○指揮やピアノで子どもの歌いたい気持ちや表現を豊かにするように用意しておく。 ○自然物や様々な素材を使って遊ぶことができるように、十分な量の素材を準備しておく。	○サツマイモの栽培、収穫、調理、喫食を通じて、自然の不思議さや感謝の気持ち、食べ物の大切さを知り、残さずに食べる。異年齢の園児に言葉をかけたりして優しく接する。 ○クリスマスツリーを作ったりする過程で、秋冬の自然に目を向け、秋の自然にたくさん触れる。身近な自然物を図鑑で調べたり、友達と数を数えたり、大きさを比べ合ったりする。丁寧に制作する。 ○友達と一緒に、季節の歌を楽しむ。	○ルールのある遊びを通して、約束事の大切さやきまりを守ることを皆と仲良く楽しく遊べることを知らせていく。生活の中でも、それぞれの活動を大切に過ごせるよう気づかせていく。必要に応じて仲立ちをしたり、遊び方、ルール、約束事を話し合う場を、その都度持つようにする。 ○絵本や図鑑を通してそれぞれの行事の由来について話し合ったり、興味を持って参加できるようにしていく。 ○指揮やピアノで、季節や曲のイメージを表現し伝え、歌うことの楽しさを持って味わえるようにする。
家庭・地域との連携 ○一人ひとりの健康状態について細やかに家庭と連絡を取り合い、速やかに対応できるようにする。場合によっては、速やかに病院受診を促す。 ○発熱時にも速やかに対応する。 ○園でのマスクの着用について家庭にも理解を求め、連絡を取り合う。 ○年末年始の開園日や園児の出席について調査し、連絡をする。	○一人ひとりの体調の変化、受診の様子など、細かく把握しておく。 ○こまめに換気、消毒を行う。 ○上靴の着用、ジャンパーの着用について促す。 ○手洗い、消毒が確実に行えるように手順を確認し、消毒液や紙ナプキンの補充を行っておく。	○秋冬の自然物の準備ができていたため、子どもたちが触れったり観察したり、工作に使ったりと様々な物を染めたり、自然への興味が深まった。 ○運動会・生活発表会が終わり、落ち着いた雰囲気の中で、子どもも職員と共に秋を楽しむことができた。	○4月にサツマイモを植えてから、草抜きや水やりを行い、収穫し味わうという、この半年間の過程を子どもなりに振り返り感じることができた。イモは感じるに限らず、生活の場面で接する姿が多く見られた。 ○つくるクリスマス会を作ったりクリスマス会を楽しみにする12月のクリスマス会をつくることをつなげることもできた。

※「食育」「健康・安全」は健康に含む。

75

表4-3 週間指導計画の例〈11月 第2週 5歳 あじさい組〉

子どもの姿	○10月の運動会・発表会では、一つひとつに取り組む中で、子どもが達成感や悔しさを味わったり、諦めない気持ちや友達を応援する気持ちを感じたりすることができた。○体調を崩す子も増えてきており、しんどいときを知らせる姿もある。○就学時健診が順次始まり、小学校へ向かう気持ちが膨らみだしている。			週のねらい	○朝夕の気温や空の色づきの変化、木々の色づきを通して晩秋の自然に触れ、季節の変化を感じ自然の事象への関心を深めることができる。○サツマイモほりから始まる、鍋づくりやゼリー作り等の活動を通して、自然への畏敬の念や食物への感謝の気持ちを持てるようになる。○生活の中でルールやマナーに気づき自分で守ろうとすることができる。	
日・曜	9日(月)晴	10日(火)晴	11日(水)晴	12日(木)晴	13日(金)晴	14日(土)晴
環境構成	・園庭の清掃 ・机 ・ラインパウダー ・マイク	・スコップ ・たらい ・雑巾 ・段ボール ・はかり	・縄 ・ライン	・くど ・バケツ ・鍋 ・消毒液 ・机 ・まな板 ・マスク ・包丁 ・食材	・みつまた(洗ってつけておく) ・重曹 ・ミキサー ・くど ・紅葉 ・ふせん ・枠 ・板 ・テープ ・コンテナ ・巻きす	・ライン
ねらい	○警察の方の話を聞く、信号や標識等、交通安全のルールを知ることができる。	○収穫を喜んだり、感謝の気持ちを持ったりできるようになる。	○全身をしっかり動かして、いろいろなとびに挑戦する。	○自然の恵みに感謝しながら調理し、味わうことができる。	○紙ができる様子に興味を持ちながら参加することができる。	○異年齢児と関わりながら思いやりの気持ちを持って過ごすことができる。
予想される子どもの活動	○警察の方から、交通安全指導を受ける。・園庭に集まって並ぶ。・園長先生の話を聞く。・園内に描かれた横断歩道を歩く。・挨拶をする。	○イモほりをする。・園長先生の話を聞く。・サツマイモの数を数え、大きさで分ける。・畑をきれいにする。・つるでリースを作る。	○縄とびをする。・走りとび・平行とび・その場とび(前、後ろ、あやとび、交差とび)	○たらばな鍋を作る。・保育者の話を聞く。・保育者と一緒に包丁で切る。・鍋で炊く。・園庭でいただく。	○紙すきをする。・保育者の話を聞く。・みつまたを鍋で煮る。・みつまたを裂く。・ミキサーにかける。・保育者と一緒に紙をすく。・乾かす。	○どんじゃんけんをする。・皆で話し合う。・ルールや遊び方を気につける。・木石鬼ごっこをする、鬼が交代して2回戦まで行う。

配慮事項	○落ち着いて話を聞き、行動できるような雰囲気づくりをする。	○諦めずに何度も挑戦できるようにしていく。	○包丁や火を使うので、安全に十分注意して行うことができるようにする。	○紙が出て行く様子を見ていて目を向けながら共感し、関心を深めるようにしていく。	○年長児らしく、小さい子どもに優しく関わる場面を持つようにしていく。
	○自然への畏敬の念や食物への感謝の気持ちを持てるよう話をする。				
支援が必要な子どもに対する配慮事項	○必要に応じて個別に声掛けをして、行動を促すようにする。	○個々の様子に合わせて励ましたり、回数を調整したりする。	○個別につくようにし、その都度手順や見通しを知らせるようにする。	○待ち時間が長いため、個別に声を掛けたり休息ができる場所を作ったりする。	○次に何をするか、見通しを持ち、絵や言葉で知らせていくようにする。
	○次の活動を知らせ、見通しを持って参加できるようにする。				
ねらいに対する自己評価	○40分間、落ち着いて指導を受けることができた。歩行者用の信号を知らない園児が多く見られ、戸惑う姿もあった。自動車が来ることをイメージして動くことが難しい様子もあった。	○交差とびで縄に多くの子どもが挑戦したが、腕や縄の使い方を意識しました。その後、何度か挑戦し、できるようになった子もいた。	○十分に手洗い消毒をし、全員がマスクを着用し参加し包丁を使った。その手にすることを知らせると、ほとんどの子ができた。全員がおかわりをして味わった。	○鍋でみつまたを煮るところやサーモメーターにかけるところを、とても興味を持って見ることができていた。遊(ず)ていく時には、待つのが難しい子もいたが、順番がくると戻ってきて取り組めた。	○3歳児クラスが初めての遊びのため、優しく教えながら遊ぶことができた。土曜日のため、園庭を広々と使い、走ってと遊ぶこともできていた。
	○363個の芋を丁寧に掘り、友達と協力したり異年齢児を助けたりしながら収穫できた。初めてのリース作りは、自分で考えてつくるなど、イメージしながら考えることを始めると、自分でつくることと、巻くことが難しい様子もあった。巻き終わるところまでできた。				

子どもの評価	○秋の実りを喜んで、サツマイモやダイコン、先週収穫した黒豆を味わうことができ、元気に過ごすことができている。つるでリースを作って12月のクリスマス会へと楽しみをつなげることができた。	○丁寧に話をしたり、視覚的に伝え見通しをつけることで、落ち着いて活動に取り組むことができた。		・体調について
	○これから1年生に向かうため、卒園の時に達成したいこと等、一人ひとりが目標を持つようにして縄とびや歌に取り組むことを約束しながら過ごした。			・マスクの着用について
				・持ち物の記名について
				・就学時健診の日程について
		自己評価	家庭との連携	

77

れの指導計画は関連しているため、つながりを意識して計画することが求められます。つながりを持たせることにより、全体的な計画から短期指導計画までが一貫性を持ち、子どもの入園から卒園までの一日一日を支えていくことができます。

　指導計画は、計画を書くだけでなく自己評価を行い、必ず記入しましょう。特に、週案や日案には、子どもの姿や計画の変更点についても具体的に記入しておきましょう。他にも、その日の天気や読んだ絵本、歌の名前、準備物で足りなかったもの、ちょっと気づいたこと、子どもに流行っている遊び等も、メモしたり線を引いたりしてわかりやすくしておくと便利です。メモをもとに、翌週や翌日の保育を計画すると、今日の保育と明日の保育のあいだにつながりを持たせることができます。振り返りは一人で行うだけでなく、他の保育者と複数人でする機会を必ず設けてください。話し合うことにより、子どもへの理解の共有ができますし、子どもの姿を多面的に捉えることができます。

　実習生や初任者にとって、保育の計画の作成や評価は、どのように考えて書けばよいのかわからなかったり、最初のうちは特に時間もかかったりすることでしょう。しかしながら、自身の保育を計画し、振り返り、自己評価をすることを繰り返していくと、明日の保育をより具体的に想像し計画できるため、より意欲的な保育へとつながります。時には、一生懸命指導計画を書き準備を整えていても、子どもの状態や天候等、急な対応や予定変更が生じたために指導計画の通りにならないこともあります。そのような時には、保育者どうしで話し合って計画を立て直すことはもちろんですが、今まで自分が書き込んできた指導計画を見たり、前年度の担任が記した指導計画を参考にしたりすることも大切です。その時のクラスの子どもに必要な援助や配慮を指導計画の書き込みの中に見つけたり、気づいたりすることで、柔軟な保育につなげることができるでしょう。

2．事例紹介：サツマイモの栽培と収穫から

　園庭の畑には、園児がいろいろな種類の植物の種や苗を植え、スイカ、サツマイモ等の植物の栽培や収穫を行う活動を行っています。なかでも、サツマイモの栽培と収穫は、4月に苗を植え、水やりや草抜きをしながら11月に収穫し、採れたてのサツマイモで豚汁を作って味わう、毎年園児がとても楽しみにしている活動の一つです。

　その年は、当初の指導計画にはなかった、サツマイモのつるを使ったクリスマスリース作りに挑戦しました。きっかけは、新型コロナウイルス感染症の拡大により、諸行事の中止をはじめとする活動内容の制限があったことです。園の保育の理念と、感染症対策の両方を念頭に置き、職員間で何度も話し合い年間の計画を再構成しました。園の保育の理念は、園の全体的な計画（表4-1参照）にあるように、子どもたちが太陽の光をいっぱいに受けて、園庭の自然に興味を持ちながらよく遊ぶ体験を大切にすることです。感染症対策は、戸外活動の充実や分散してできる活動を増やすことでした。そこで、園庭の身近な自然物（サツマイモ）に着眼して、月間指導計画（表4-2参照）を立案し、週間指導計画（表4-3参照）でより具体的な計画を作成しました。このように、計画を大きく変更する際にも、全体的な計画、長期指導計画、短期指導計画のつながりを考えることで、園の実態に即した実践の工夫が生まれてきます。

　さて、サツマイモのつるを使ったリース作りでは、年長児や年中児はつるをくるくると巻いて楽しんで作る姿がみられました（図4-3）。年少児や3歳未満児も、つるの感触を楽しみながら丸い輪を作ったり、保育士と一緒に丸めたりしました。リースは園のテラスで乾燥させ、園庭で採れた木の実や折り紙の作品を貼って飾りました（図4-4）。

　このような保育を実践することにより、4月にサツマイモの苗を植えた時から12月のクリスマス会まで園児の楽しみもつながり、その過程で園児の

図4-3　サツマイモのつるから葉を取って　　図4-4　サツマイモのつるで作ったリース
　　　　いる園児たち

笑顔がたくさん見られました。リース作りは、次の年も保育の計画に組み込まれ、実践を続けることとなりました。

■ 引用・参考文献 ─────

厚生労働省（2018）保育所保育指針解説　フレーベル館
厚生労働省（2020a）「保育所等関連状況取りまとめ（令和2年4月1日）」
　　　https://www.mhlw.go.jp/content/11922000/000678692.pdf（2021年2月11日閲覧）
厚生労働省（2020b）「保育所における自己評価ガイドライン（2020年改訂版）」https://
　　　www.mhlw.go.jp/content/000609915.pdf（2021年5月28日閲覧）
厚生労働省（2020c）「令和元年度福祉行政報告例の概況」
　　　https://www.mhlw.go.jp/toukei/saikin/hw/gyousei/19/dl/gaikyo.pdf（2021年2月11
　　　日閲覧）
宮川萬寿美（2018）保育の計画と評価：豊富な例で1からわかる　萌文書林
文部科学省（2020）「令和2年度学校基本調査（確定値）の公表について」
　　　https://www.mext.go.jp/content/20200825-mxt_chousa01-1419591_8.pdf（2021年2月11
　　　日閲覧）
内閣府（2019）「令和元年版　少子化社会対策白書（全体版）」（PDF版）
　　　https://www8.cao.go.jp/shoushi/shoushika/whitepaper/measures/w-2019/
　　　r01pdfhonpen/r01honpen.html（2021年5月28日閲覧）
内閣府（2021）男女共同参画局「令和3年版　男女共同参画白書」
　　　https://www.gender.go.jp/about_danjo/whitepaper/r03/zentai/pdf/r03_print.pdf（2021
　　　年7月2日閲覧）
汐見稔幸（監修）（2017）保育所保育指針ハンドブック〈2017年告示版〉　学研教育みらい　p.12.

まとめの演習

1 保育の計画がなぜ必要なのか、自分の言葉でまとめましょう。

2 あなたが興味を持っている園の全体的な計画を調べましょう。

3 事例1を読んで、オサム先生の思いや配慮について考えましょう。
また、自分がオサム先生ならどうしたかをまとめてみましょう。

看護師からみた「保健計画」と新型コロナウイルス対策
職種間連携

　近年、看護師を配属する保育所が増えてきました。園で働く看護師の役割は、子どもや保護者、職員の健康を守ることです。そのためには、園が行う「保健計画」立案時に参加し、保育者との連携・協議の中で園全体の健康管理という視点に立ち、医療行為を伴う適切な処置を行うことが求められます。

　現在、子どもたちによく見られる疾患（細菌、ウイルスによる肺炎、気管支炎、腸炎等の感染症）と共に、2020年度から猛威をふるっている新型コロナウイルスに対しては、特に注意を払わなくてはいけない状況に置かれてきました。感染拡大防止に向けて最大限の配慮が必要でしたが、働く保護者たちのために園を閉鎖することもできません。子どもたちが感染を起こさないように家族に協力を求め、予防対策をすることが大切となります。職種間連携の下、予防策として、自宅での朝の検温（発熱37.5℃以上や変化時は、園に相談をする）指導と、到着時に再度の検温のダブルチェックの実施、アルコールの手指消毒や流水と石けんを用いた手洗いやうがいの徹底、子どもたちが触れる物品や建具物の定期的な消毒、職員のマスク着用、換気の徹底、3密を避ける環境づくり、大きな声や一斉に歌うなどを避ける等、十分な配慮と感染症対策が必要です。

　また、日常生活が規制されるため、子どもたちにストレスがたまりやすく、園では、上手な発散方法も考えておくことも大切です。子どもの身体と心の健康を見極めながら、健康で安全に充実した園生活を送ることができるよう、さらに、2021年度の保健計画に示された「コロナウイルス予防（手洗い・うがい・消毒の徹底）に努める」に向けての計画・実施・評価が必要不可欠になると考えられます。

厚生労働省（2018）「保育所における感染症対策ガイドライン2018年改訂版」
　　https://www.mhlw.go.jp/file/06-Seisakujouhou-11900000-Koyoukintoujidoukateik
　　yoku/0000201596.pdf（2021年5月17日閲覧）

第 **5** 章

幼稚園・幼保連携型認定こども園における
保育の計画

 この章のポイント ‥‥‥‥‥‥‥‥‥‥‥‥‥‥‥‥

● 幼稚園・幼保連携型認定こども園の社会的背景を多様な視点から理解する。

● 幼稚園における指導計画について理解する。

● 幼稚園における指導計画からの展開エピソードについて学ぶ。

‥‥‥‥‥‥‥‥‥‥‥‥‥‥‥‥‥‥‥‥‥‥‥‥‥‥‥‥‥

1. カリキュラムの変遷と幼稚園を取り巻く社会的変化

　幼稚園は、1947 年の「学校教育法」により「学校」として位置づけられ、1964 年には、「幼稚園教育要領」が国による教育課程の基準であるとことが確立されました。この節では、これまでの「幼稚園教育要領」「学習指導要領」の改訂に着目しながら、カリキュラムと幼稚園を取り巻く社会的変化について考えていきましょう。

(1) 新しい学力観と「環境を通した教育」への転換

　幼稚園において「環境を通した教育」が重視されるようになった背景を理解するために、高度経済成長期後の日本社会に着目してみましょう。

　高度経済成長期における日本の幼児教育では、どのようなことが重視されていたのでしょうか。1964 年の幼稚園教育要領では、教師の積極的な指導による知識・技能の習得を目指した教育が展開され、幼児の主体性や心の育ちに十分な関心は向けられていませんでした。その後、1980 年代は、高度経済成長が終息に向かい、精神的な豊かさや生活の質向上を重視する成熟社会が提唱されるようになります。この頃、日本では子どもの間での学力差の広がりや、非行の低年齢化、学校や家庭内での暴力に対する危機感が高まっていました。そして、このような子どもを取り巻く状況を改善するために、学校教育に改革が求められたのです。調和のとれた人間性豊かな児童生徒の育成、ゆとりある充実した学校生活の実現を目指して、1977 年に小学校・中学校、翌年には高等学校の学習指導要領が改訂されました。その後、幼稚園を含む一貫した要領の改訂が求められ、1989 年に幼稚園教育要領が改訂されたのです。

　1989 年の改訂は、21 世紀が変化の著しい社会になることを予想して、社

会の変化に主体的に対応できる人間性の育成を目指したものでした。つまり、関心・意欲・態度の育成を目指すという新しい学力観に基づく教育が推進されるようになったのです。そして、幼稚園教育が「環境を通して行うものであること」と、一人ひとりの発達の特性に即応した適切な教育であることが明確化されました。それでは、1989年の改訂で「環境」の捉え方は、どのように変化したのでしょうか。教師が選択した活動のための環境ではなく、子どもが主体となれる環境の重要性が改めて確認されたことが大きな変化といえます。また、この要領では「生活」という言葉が多用されていることも特徴といえます。生活の場としての幼稚園が重視され、幼児の主体的な生活を中心に展開されることが求められるようになりました。

　さらに、この改訂で、保育内容は6領域「健康・社会・自然・言語・音楽リズム・絵画製作」から、発達を捉える5つの領域（健康、人間関係、環境、言葉、表現）にまとめられました。5つの領域とは、「それぞれが独立した授業として展開される小学校の教科とは異なる」（文部省, 1989）とされ、環境を通して総合的に指導されるものである幼稚園教育の意味が確認されたのです。

（2）発達や学びの連続性

　1998年改訂「幼稚園教育要領」の時期は、いじめや不登校、思春期の問題が社会的に注目されるようになり、これらの子どもの心に生じている課題を克服するために「自ら学び、自ら考える力」など生きる力の育成が重視されるようになりました。その結果、小・中・高には「総合的な学習の時間」が設置されるに至りました。それでは、これらの学童期以降に顕在化する子どもの困難に対して、幼稚園教育にはどのようなことが求められたのでしょうか。

■ 幼小接続教育のカリキュラム

　1998年の改訂では、幼小接続教育の必要性が示され、2008年改訂「幼稚

園教育要領」では、「発達や学びの連続性を踏まえた幼稚園教育の充実」が要点の一つとなりました。子どもの発達は幼児期とそれ以降で連続しており、幼稚園教育と小学校教育との円滑な接続を図り、幼稚園教育の成果を小学校教育につないでいくことが重要であるとされました。幼児教育と小学校教育との接続期のカリキュラムが注目される背景には、家庭や地域の教育力の低下、少子高齢化等、社会や家庭生活を取り巻く環境の変化が指摘されています。そのような変化により、基本的な生活習慣の確立の難しさ、自制心や規範意識の希薄化、コミュニケーションスキルの低下等、幼児の育ちの変化について様々な課題があげられています。小学校入学直後に学習に集中できない、望ましい人間関係を築くことができにくい等、小一プロブレムといわれる課題に、幼小が継続して取り組んでいます。

■ 自我の芽生えを重視したカリキュラム

1998 年改訂「幼稚園教育要領」の「教育課程の編成」では、「自我が芽生え、他者の存在を意識し、自己を抑制しようとする気持ちが生まれる幼児期の発達の特性を踏まえ、入園から修了に至るまでの長期的な視野をもって充実した生活が展開できるよう」に配慮するべきと書き加えられました。3 歳児保育が本格実施される中で、「自我」や「自己」を重視したカリキュラムが展開されるようになり、このことは学童期以降の子どもの肯定的な自己の発達にもつながる視点といえるでしょう。

(3) 家庭と幼稚園の連続性

1998 年の改訂では、教育時間終了後に行う教育活動（預かり保育）のカリキュラムが開始されたことも重要な点です。2008 年改訂「幼稚園教育要領」でも、幼稚園生活と家庭生活の連続性を踏まえた幼児期の教育の充実、子育て支援と預かり保育の充実が要点となっています。この点は、保育所と同様に幼稚園の課題でもあります。保護者の就労の有無にかかわらず、少子化や情報化等により社会が変容する中で、家庭や地域と連携して幼稚園の教育機

能を強化・拡大していくことが求められるようになっています。

　預かり保育は、1990 年代以降の保育ニーズの多様化により、幼稚園に地域の子育て支援センターの機能が求められる中で広がっていきました。幼児教育実態調査（文部科学省, 2020）より、預かり保育を実施している幼稚園は、1997 年では全体の 29.2％でしたが、2019 年では 87.8％（私立 96.9％、公立 70.5％）に達しています。また、そのうち一時預かり事業を実施している幼稚園は、全体の 29.2％（私立 23.0％、公立 45.4％）となっており、家庭支援が幼稚園のカリキュラムにおいても重視されていることがわかります。

2. 新しい幼稚園教育要領の前文にみる社会的背景

(1) 生きる力を育むための一貫した教育

　2017 年に改訂された「幼稚園教育要領」では、これまでの改訂ではじめて、冒頭に前文が追加されました。この前文は、まさしく幼児教育に対する世界の動きを取り入れた内容であり、この時代に求められる教育のあり方が、下記のように示されています。

> これからの幼稚園には、学校教育の始まりとして、こうした教育の目的及び目標の達成を目指しつつ、一人一人の幼児が、将来、自分のよさや可能性を認識するとともに、あらゆる他者を価値のある存在として尊重し、多様な人々と協働しながら様々な社会的変化を乗り越え、豊かな人生を切り拓き、持続可能な社会の創り手となることができるようにするための基礎を培うことが求められる。

　地球規模の環境問題など予測不能な社会の変化に対して、解のない問いに挑み続けることのできる「生きる力」を育てることが重視されています。今回の改訂では、小学校・中学校・高等学校および特別支援学校の学習指導要

領にも、共通する内容が前文として掲げられ、幼児期から大学教育に至るまで一貫した「新しい教育」を作っていこうとする方針がみてとれます。この前文は、「保育所保育指針」「幼保連携型認定こども園教育・保育要領」には記載されていませんが、幼児教育に携わる現場に共通していえる内容ですので覚えておきましょう。

(2) 社会に開かれた教育課程

　上記の動きと関連しながら、今回の前文では「社会に開かれた教育課程」がキーワードとなっています。教育課程について、現代社会に求められる学校教育のあり方が次のように示されています。

> 　教育課程を通して、これからの時代に求められる教育を実現していくためには、よりよい学校教育を通してよりよい社会を創るという理念を学校と社会とが共有し、それぞれの幼稚園において、幼児期にふさわしい生活をどのように展開し、どのような資質・能力を育むようにするのかを教育課程において明確にしながら、社会との連携及び協働によりその実現を図っていくという、社会に開かれた教育課程の実現が重要となる。

　2008年改訂「幼稚園教育要領」第3章第2では、幼稚園には「（……）幼児期の教育に関する相談に応じたり（……）地域における幼児期の教育のセンターとしての役割を果たすよう努めること」と書かれていましたが、2017年改訂では、「地域の人々と連携するなど」「幼稚園と家庭が一体となって幼児と関わる取組を進め」の文言が盛り込まれ、幼稚園が家庭や地域と連携しながら、その教育的役割を果たしていくことの重要性が示されています。

　2019年10月からは、園等を利用する3歳から5歳の子どもを対象にした幼児教育・保育の無償化がスタートしました。これは、子育て世帯の負担の軽減や全ての子どもたちへの質の高い幼児教育を目指しています。

（3） カリキュラム・マネジメント

　2017 年改訂「幼稚園教育要領」では、地域の実情や子どもの実態を踏まえ、各幼稚園が適切な教育課程を編成し、その実施、評価、改善という PDCA のサイクルを確立し、教育の質を向上させてゆくためにカリキュラム・マネジメントに努めることの重要性が示されています。この改訂以前は、PDCA サイクルが重要視されていなかったのかというと、決してそのようなことはありません。

　それでは、この文言が新しく書き込まれた背景はどこにあるのでしょうか。カリキュラム・マネジメントという用語は、2017 年改訂の小学校・中学校・高等学校および特別支援学校の「学習指導要領」で使用され、幼稚園や幼保連携型認定こども園は、法律上「学校」であるため同様の文言が用いられるようになります。そして、保育所は法律上「学校」ではないため、今回の改定ではカリキュラム・マネジメントという用語は使用されていません。法律上の違いで文言の違いはありますが、今の時代に計画と評価が重視されていることに何ら変わりはありません。

　乳幼児期の保育・教育現場における「評価」について、汐見（2017）は園での評価は学校での成績評価とは異なることを、「エバリュエーション（evaluation）」と「アセスメント（assessment）」という用語で説明しています。エバリュエーションは成績評価を意味し、価値の有無をみるものです。それに対して、アセスメントは、「必要な情報を読み取って省察する行為」としています。子どもの行動の背景にある願いや、発達の芽生えともいえる子どもの力を読み取り省察する力が 21 世紀の保育には求められるといえるのではないでしょうか。

3.　幼保連携型認定こども園の社会的背景

　認定こども園がつくられた社会的背景には、地域で孤立する子育て家庭の

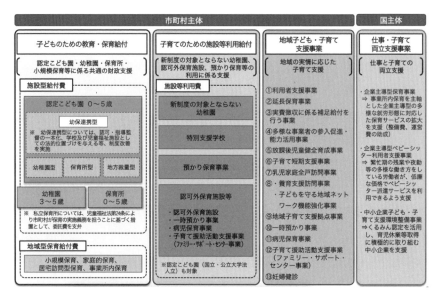

図5-1　子ども・子育て支援新制度の概要（内閣府子ども・子育て本部, 2021）

支援があります。2014年に「幼保連携型認定こども園教育・保育要領」が策定され、2015年に地域の子育て支援の量の拡充や質の向上を進めていくために、「子ども・子育て支援新制度」が開始されました。図5-1には、「子ども・子育て支援新制度の概要」を示します。図5-1からわかることは、認定こども園が0〜5歳の子どもの教育と保育を一体的に行う施設であり、4類型（幼保連携型、幼稚園型、保育所型、地方裁量型）があることです。

2017年改訂「幼保連携型認定こども園教育・保育要領」では、全体的な計画の中にも「子育ての支援」を組み入れることが示され、「幼保連携社会の実態に沿った支援であること」が強調されています。

（1）家庭の実情

認定こども園は、保護者の就労の有無にかかわらず、多様な親子が通う施

設です。そのような多様性の背景によって、子どもの家庭での生活パターンも違ってきます。そして、多様な子どもを包み込む認定こども園では、個々の子どもの生活の流れを把握し、その子どもに応じて保育環境や保育時間を工夫していく視点が大切になってくるでしょう。

(2) 地域社会の実態

地域により、ファミリー・サポート・センターなど地域子育て支援拠点事業の内容も異なってきます。地域間で支援の格差を生み出すのではなく、認定こども園が地域のすべての家庭を支援する機能を発揮することが求められているのです。

以上、この節で説明したように、各家庭の状況に応じた子育て支援、保育時間の多様化、障がいのある子どもや外国にルーツのある子ども等、多様なニーズに対応した保育の必要性が増しています。そのような多様性を理解するだけでなく、多様性が子どもの育ちとして生かされるカリキュラムを展開していくことが大切でしょう。

2節 幼稚園における指導計画からの展開エピソード

1. 幼稚園における教育課程（カリキュラム）と指導計画

幼稚園における保育の計画は、教育課程（カリキュラム）と指導計画（長期・短期）からなります。教育課程とは、幼稚園における教育の全体的な計画のことで、各幼稚園では教育課程に基づいて指導計画を作成します。指導計画には、長期指導計画（年間指導計画、期別指導計画、月間指導計画）と短期指導計画（週案、日案）があります。

指導計画の作成について、「幼稚園教育要領」では、「幼児の発達に即して

表5-1　年間指導計画（4歳児）　　　　年間目標：日々の生活や遊びの中で、必要となる基本的な生活習慣を身につける

エピソード③

	I期（4月上旬〜5月中旬）	II期（5月下旬〜7月下旬）	III期（9月上旬〜12月下旬）	IV期（1月上旬〜3月下旬）
幼児の姿	・入園や進級して新しい保育室や名札・組色帽子になったことをうれしく思い、保育者に声をかけてもらうことで、スキンシップをとることを喜ぶ。 ・新しい環境や担任保育者が変わったことで、不安や戸惑いを感じたり、年少組の時のクラスや友達と一緒に遊ぶことで安心したりする子どももいる。 ・自分が見つけた遊びを友達と一緒に楽しんだり、友達の遊びをまねて遊んだりするが、個人差が見られる。	・保育者に親近感を持ち、保育者と一緒に遊んでいることをうれしく思い、一緒に遊ぶ。 ・一緒に遊びたい友達や興味が同じ友達と遊ぶ中で、個々の遊びをする中で、自分から好きな遊びを楽しんだり、友達との関わりからトラブルになったりすることもある。 ・自分が見つけた自然などに目が向き、身のまわりのことは自分でしようとするが、個人差が見られる。	・楽しかったこと、できるようになったことを、保育者に話すようになり、保育者や友達に聞いてもらおうとする。また、興味を持ったことに、さらに考えてみようと工夫したり、自分なりに好きな遊びを楽しんで、作ったり描いたりする。 ・自我が出はじめるようになったことから、友達とのトラブルや葛藤を経験する。	・個々の興味が広がり、新しい活動に進んで取り組むようになり、試したり工夫したりしながら遊ぶ姿が見られるようになる。 ・気の合う友達と考えや気持ちを伝え合いながら、遊びを進んで楽しんでいる。 ・年長児など遊ぶ姿やあこがれの役割としての遊びを行っている姿があるが、興味を持ち、真似してやってみようとする。 ・年長組になることを心待ちにする一方、不安を感じたりする子も見られる。
ねらい	・保育者や友達に親しみを持ち、喜んで登園する。 ・保育者や友達と触れ合って遊ぶ楽しさを味わう。 ・新しい環境の中で、安定して過ごす。 ・年中組としての生活を知り、自分の身のまわりのことを自分でする。	・園生活のリズムに合わせ、自分のことは自分でする。 ・保育者を頼りにしながら、遊びのしてみる。 ・体を十分に動かしたり好きな遊びを楽しむ中で、気になる友達と触れ合って遊ぶ楽しさを味わう。 ・身近な自然に自分から関わり、楽しさや面白さを感じて遊ぶ。	・自分のイメージや思ったことを話したり、遊びの中で表現したりする。 ・自分と相手の思いの違いに気づき、主張しながらも相手の話を聞いたり受け入れたりしようとする。 ・季節の変化を感じながら、身近な自然に関わる遊びを楽しむ。 ・運動会種目などを通して、一つのことに協力して取り組む。	・自分の力を発揮する楽しさや自分なりにできる喜びを味わう。 ・クラスの友達と一緒にすることに興味を持って取り組み、楽しさを味わいながら意欲的に生活する。 ・自然を体験する。 ・保育者や友達とのつながりを深め、安定した園生活を送り、進級への自信と期待を持つ。
内容	・新しい場所や遊具に親しみ、喜んで登園する。 ・園生活に必要な約束を守り、友達と仲良くして遊ぶ。 ・遊具の安全な使い方を知り、守ろうとする。 ・戸外遊びや学園内散歩を通して、身近な春の自然に触れる。 ・クラスのみんなですることを楽しみながら、歌ったり、体を動かして楽しむ。 ・絵本を読んだりすることを楽しみ、体を動かす。 ・キャラクターや栽培したジャガイモの生長を観察し、収穫を楽しむ。 ・年間を通して、体育指導による体育指導を受ける。	・自分の入や気持ちをしっかり保育者や友達に伝える。 ・身近にある素材や道具を工夫して作ったり、自分なりに表現したりしながら、遊びや体を動かして遊ぶ。 ・戸外でのびのびと体を動かして遊ぶいろいろな遊びに気づき、水遊びや泥んこ遊びを楽しむ。 ・園庭で遊んだり学園内散歩をする中で、いろいろな草花に関心を持つ。 ・水の感触や水の片づけをしようとしたり安全に遊ぶ。 ・衣服の着脱や始末、遊び終わった後の片づけをする。 ・キャラクターや栽培したジャガイモの生長を観察し、収穫を楽しむ。	・保育者の話や指示をしっかり聞いて行動する。 ・ルールを守る大切さ、力を合わせて助け合う大切さを知る。 ・相手の思いがわかり、自分の思いや困ったことなどを言葉にして話す。 ・園庭で遊んだり学園内散策などで自然に触れる季節の変化に気づき、身近な自然の中で季節を感じ、いろいろな草花に興味を持つ。 ・気温の変化や水に触れることなどを言葉で表現する。 ・気温の変化に応じて衣服を調節し、快適に過ごせるよう心掛ける。 ・キャラクターや栽培したジャガイモの生長を観察し、収穫を楽しむ。	・自分のしたいことに繰り返し取り組み、自分を守るような取り組みができることに調和を味わう。 ・まわりの人に認めてもらうことうれしさを感じる。 ・雪や霜、氷など冬ならではの戸外遊びを楽しむ。 ・修了児へのプレゼントづくりをする中で、感謝の気持ちを持つ。 ・進級活動に意欲的に認め、意欲的に保育活動を通して冬ならではのサッカーやマラソンなどで体を活動に楽しく過ごす。 ・キャラクターで栽培したジャガイモの生長を観察する。

エピソード③

エピソード①

エピソード②

【環境構成】
・園庭にある草木の芽吹きや植物の生長、日差しや風の変化などを発見したり感じたりする直接体験ができるように働きかけ、季節の移り変わりを肌で感じられるようにする。
・コマやカルタ、凧などの正月遊びを用意し、楽しめるようにする。

【保育者の援助と留意】
・正月遊びの仕方やルールをわかりやすく伝える。
・一人ひとりがなかなかを発揮している姿を認め、繰り返し取り組んでいる友達の姿に気づかせたりするなど、個々の意欲や成長が膨らむようにしていく。
・自分たちで問題解決しようとしている姿を見守り、必要に応じて言葉がけをする。
・当番や仕事の仕方を教えてもらえるような機会を持ち、連続を期待し意欲を持って迎えられるようにする。
・遊びながら休息したり息を合わせたり、クラスとしての一体感を感じられるようにする。
・保護者と共に喜びを感じ、喜びを共有する。
・友達の思いを認め合い、年長組進級に向けて温かく見守る。

【環境構成】
・遊びに必要なものを子どもたちが自分で選んで使えるように、遊びの様子を見ながら教材の種類や配置を見直し、遊びの位置などを整えていくようにする。
・飼育物や栽培物など自然の移り変わりの中で、機会を捉えて成長や命を大切にする気持ちをもてるようにする。
・保育者自身が季節や自然現象の変化を敏感に受け止めて、それらに感動する機会を子どもと共にし、子どもの感動や発想を引き出し、豊かになるようにする。

【保育者の援助と留意】
・遊びの中でトラブルや友達との関わりで自分の思いに気づかせるように、また、順番を守ることや相手の思いを受け入れていくことの必要性に気づけるような言葉をかける。
・いろいろな運動遊びやリズム遊びを一緒に行いながら、体を動かす楽しさを感じられるようにする。
・適度に休息をとれるように活動時間や流れ、場の工夫をする（日陰・水分補給など）。
・行事参観などに楽しく参加できるように、日頃から無理なく取り入れて活動していく。
・日々の成長の様子を取り組む子どもの姿を家庭に伝えて、協力してもらえる機会をつくる。
・自分の住む地域の様々な人々との触れ合いが持てるようにする。
・適度に休息をとれるように活動時間や流れ、場の工夫をする（日陰・水分補給など）。

【環境構成】
・興味のある遊びを存分に楽しめるようなコーナーや遊具、場を安全に楽しく設定し、それぞれの場で安心して遊べるように個々のスペースに気を付けるなどと工夫する。
・戸外遊びや散歩なども楽しみ、自然に触れ合いながら取り入れて季節を感じて遊ぶ。

【保育者の援助と留意】
・一人ひとりの言葉による個々の思いやこだわりを温かく受け止め、個々のイメージが明確になるよう援助していく。
・トラブルになった時には、一人ひとりの思いに共感しながら聞き、一緒に考えたり、言葉を補ってお互いの気持ちを伝えたりし、それぞれが納得できるように関わる。
・いろいろな遊びを通して友達と関わり、ルールを守ることや友達と遊ぶことの楽しさを知らせていく。
・適度に休息をとれるように活動時間や流れ、場の工夫をする（日陰・水分補給など）。
・自分の身の回りのことや園生活に必要なことを自分でやろうやろうとする姿を認め、できることを増やしたりする喜びを感じたり、できることの喜びを感じながら、意欲を高めていく。

【環境構成】
・新しい保育室や遊具・場の使い方に慣れ、自分たちで取り出したり、安全に楽しく使えるように物の置き方、個人マークを付けるなどと工夫する。

【保育者の援助と留意】
・一人ひとりの不安な気持ちを温かく受け止め、触れ合う中で安心感を与えられるように丁寧に関わり、信頼関係を築いていく。
・新入園児と継続児の集団生活の経験の違いからくる遊び方や主張の仕方の違いに配慮する。
・クラスでみんなで過ごす楽しさを感じられるように、手遊びや歌を歌ったり、紙芝居や絵本などの読み聞かせをしたり、簡単なルールで身体を動かす遊びを楽しむなど、共に過ごす地よさを味わえるようにする。
・年少組の時に同じクラスで過ごす時間や機会をつくる。
・保護者に幼稚園での情報交換をする様子を伝え、園と家庭が互いに連絡を取り合うことができるような関係を築いていく。

| 行事 | 学年遠足（幼稚園バス）・高校生との交流（リトミック）・七夕まつり・水遊び　終業式・夏期保育 | 始業式・運動会・学年遠足（幼稚園バス）・だんじり引き・園外保育（観光バス）・レストランごっこ・園内フェスタ・バザー・稲刈り・遠足会（火災）・参観日 | 始業式・おもちつき・個人懇談・観劇会・学年遠足（幼稚園バス）・稲刈り・修了見学・修了式・終業式・身長体重測定 | 始業式・入園式・個人懇談・学級懇談会・土曜参観（親子ふれあい）身長体重測定・歯科検診 |
| 食育 | 身長体重測定・歯磨き指導・視力検査・内科検診　ジャガイモ掘り・イチゴパフェ・カレーライスパーティー　ジャガイモクッキング | サツマイモ掘り・サツマイモパーティー・親子）・やさいいも・クッキング・ダイコン抜き | ジャガイモの種植え | イチゴ狩り・イチゴクッキング　（毎月）誕生会 |

エピソード②

環境構成と援助・留意点のポイント

93

表 5-2　週案（4 歳児の 6 月第 4 週）

たんぽぽ組　　6 月第 4 週　22 日（月）～ 27 日（土）	
前週までの子どもの姿	今週のねらい
・日々の生活の中で身のまわりのこと（衣服の着脱や物の始末など）が少しずつ身についてきている。 ・キッズファームで採れたジャガイモを使ってカレーライスを作って食べ、収穫を喜んだ。 ・七夕に関心を持ち、七夕飾り（つなぎもの）を作ったり、七夕まつりに向けて音楽を聞いて踊り、楽しんでいる。 ・製作に取り組む中で、はさみやのりなどの用具の使い方に個人差が見られる。	・手洗い、うがいをしっかりし、汗を拭くなどの衛生習慣を身につける。 ・季節の変化に気づき、梅雨の天候・いろいろな草花に関心を持つ。 ・天気が良い日には、戸外に出て友達と元気いっぱい遊ぶ。 ・自分の思いや気持ちを言葉で保育者や友達に伝える。 ・遊んだ後は、友達と協力して最後まで片付ける。 ・行事への関心を持って、製作や踊りを楽しむ。 ・高校生との交流（リトミック）を楽しみながら意欲的に体を動かす。 ・季節の絵本、紙芝居、歌や手遊びを楽しむ。

予定・予想される子どもの活動			★環境構成　☆保育者の援助・配慮
22 日	月	高校 1 年生と交流（リトミック） 七夕飾りを作る	★七夕の行事に関心が持てるように室内に笹などを飾ったり、七夕の絵本や紙芝居をすぐ手に取れるところに置いておく。
23 日	火	幼児体操（11：30 ～）	★様々な遊びに取り組めるようにスペースの確保や遊具、音楽の用意をしておく。
24 日	水		☆衛生に配慮するとともに休息を十分に確保する。 ☆保育者も一緒に戸外や高校生とのリトミックで体を動かしながら見守り、様々な人と体を動かして遊ぶ楽しさを感じられるようにする。
25 日	木	6 月の月間絵本持ち帰り	☆友達と一緒に遊びを展開できるよう、遊びに入れない子どもには声かけをしていく。
26 日	金		☆個々の製作意欲や発達段階などの個人差に気を配る。 ☆七夕の絵本を見たり、歌ったりし、行事についての関心を高めていく。
27 日	土	土曜預かり保育（希望者）	☆トラブルの解決を見守ったり、時には解決の方法を伝えたりする。
反省			

表5-3　週案（4歳児の11月第2週）

たんぽぽ組　　11月第2週　9日（月）～14日（土）	
前週までの子どもの姿	今週のねらい
・自分で衣服の調節をし、薄着の習慣が身についてきている。 ・天気の良い日に「さんぽずかん」を持って園内を散策し、草花や虫を捕まえたりして楽しんだ。 ・キッズファームの作物（イチゴ・ダイコン）の生長の様子を見て、収穫を楽しみにしている。 ・いろいろな絵本に興味を持って読み、話に出てくるキャラクターになり劇ごっこを楽しんでいる。 ・当番活動を意欲的に行いながら、友達の前での発表にも慣れてきて、友達と協力することの大切さを感じてきている。	・手洗い、うがいをしっかりし、感染の予防をする。 ・季節の変化に気づき、天気・雲の様子・いろいろな草花に関心を持つ。 ・天気が良い日には、戸外に出て友達と活発に遊ぶ。 ・自分の思いや気持ちを言葉で保育者や友達に伝えたり、最後まで話をしっかり聞く。 ・レストランごっこに招待してもらい、雰囲気や異年齢との交流を楽しむ。 ・火事の恐ろしさ、危険性を知り、火災が起こった時にあわてずに避難できるようにする。 ・非常時の合図を知り、保育者の指示に従って機敏に行動する。 ・キッズファームで採れたサツマイモの収穫を喜び、やきいもパーティーを楽しむ。 ・季節の絵本、紙芝居、歌や手遊びを楽しむ。

予定・予想される子どもの活動			★環境構成　☆保育者の援助・配慮
9日	月	劇ごっこを楽しむ	★自分でも興味を持って見たり、友達と劇ごっこが楽しめるように、絵本や紙芝居をすぐ手に取れるところに置いておく。 ★園庭で拾った落ち葉やどんぐりで遊べるように廃材などを準備しておく。 ☆感染症対策の大切さを知り、自発的に手洗い、うがいができるよう声をかけていく。同時に加湿や換気も気遣って行う。 ☆当番活動では、意欲を持って取り組む姿を認め、「みんなの（クラスの）役に立っている」という気持ちを大切にする。 ☆火災報知器・非常ベル・避難放送が鳴ることで、不安や緊張が予想される。防災頭巾を素早く取りに行ってかぶり、落ち着いて避難できるよう声をかけ、誘導を行う。 ☆サツマイモを収穫した喜びに共感し、色や大きさや形の違いに気づいたり比べたりしながら味わって食べられるように声かけをする。
10日	火	レストランごっこ	
11日	水	避難訓練（火災）・消防車見学	
12日	木	やきいもパーティー	
13日	金	幼児体操（10：30～）	
14日	土	土曜預かり保育（希望者）	
反省			

一人一人の幼児が幼児期にふさわしい生活を展開し、必要な体験を得られるようにするために、具体的に作成する」と記されています。幼児期にふさわしい生活を、指導計画の実際と展開エピソードから学んでいきましょう。

2. 指導計画（年間指導計画、週案）の実際

　指導計画は、幼児期にふさわしい生活と子どもの理解に深い関係があります。そこで本項では、長期指導計画の「年間指導計画」（表5-1参照）と、短期指導計画の「週案（表5-2、表5-3参照)」を提示します。表5-1は、ある幼稚園の「年間指導計画（4歳児)」です。この幼稚園の年間目標は、「日々の生活や遊びの中で、必要となる基本的な生活習慣を身につける」ことで、1年間の幼稚園全体と4歳児の行事を予定に入れながら、生活の連続性や季節の変化等を考慮して、子どもの興味や関心に応じて計画を立てています。

　表5-2と表5-3は、表5-1と同じ幼稚園の短期指導計画の「週案」です。表5-2は4歳児の6月第4週、表5-3は、4歳児の11月第2週の週案です。表5-2の週案からわかることは、前週までの子どもの姿、1週間の予定・予想される子どもの活動、今週のねらい、保育者の援助・配慮が記入されているということです。例えば、6月第4週に4歳児クラスで責任実習を任された場合、みなさんならどのような指導案を書くでしょうか。巻末の資料の指導案6を参考にして指導案の作成をイメージしてみましょう。

3. 指導計画からの展開エピソード

　ここでは、4歳児の年間指導計画（表5-1）と週案（表5-3）からの展開エピソードを説明していきます。指導計画→週案→日案、指導計画→エピソードがつながっていることを確認しましょう（掲載写真は筆者撮影）。

(1) エピソード①

■ 身近な絵本で遊ぶ：発表会の劇遊びに向けての活動例（4 歳児 11 月）

年間指導計画（表 5-1 の Ⅲ 期、9 月上旬～ 12 月下旬）

→週案（表 5-3、11 月第 2 週）

環境構成と援助・留意点のポイント 〈保育者の援助と留意点〉

行事や参観などに楽しく参加できるように、日頃から無理なく取り入れて
活動していく（表 5-1 参照）。

運動会が終わり、クラスの友達と力を合わせて頑張ることを経験した子ど
もたちが、集団で遊ぶ姿を見かけることが多くなります。そんな中自然に、
はっきりと自分の意見を主張し、リーダー的な役割を果たす子どもが現れて
きます。幼稚園のバザーや学園フェスタに参加して買い物をした経験から、
自分たちでも「お店屋さん」になってごっこ遊びが始まります。

このような時期から、12 月の参観日に向けて、劇遊びの導入は始まります。
まずは素材選びです。知っている絵本や大好きなお話から子どもたちで選ぶ
ために、保育者は絵本の読み聞かせに熱が入ります。劇にふさわしい題材が
見つかれば、登場人物になりきって遊びが始まるのですが、そんな時期に取
り組んだのが表 5-4 に掲載した「たろうのともだち」ゲームの指導計画（日
案）です。この年、たろうシリーズの絵本『たろうのともだち』『たろうのひっ
こし』『たろうのおでかけ』（福音館書店）を複数回読み聞かせました。単純
な繰り返しのリズムが心地よい上に、わかりやすい登場人物が劇ごっこ向き
の絵本です。

いきなり劇ごっこをするのではなく、日頃から経験してきた「フルーツバ
スケット」の引っ越しゲームを「たろう版」にしてみました。役割をはっき
りさせるために『たろうのともだち』に登場する「こおろぎ・ひよこ・ねこ・
いぬ・たろう」のお面を作成しました。指導計画（日案）では、それぞれの
ペンダントを準備するとなっていますが、劇への流れを期待していたので当

表 5-4 「たろうのともだち」ゲームの指導計画（日案）（後藤，2020 を改変）

実習生氏名	田中 順子	担当保育者	青木 由佳 先生
日時・天候	2021 年 11 月 5 日（金） 晴れ		
クラス	たんぽぽ組 4 歳児 男児 12 名 女児 13 名 計 25 名		
主な活動名	たろうのともだち（フルーツバスケット）ゲームをする		
本日に至るまでの子どもの姿	・運動会を経験した子どもたちは、友達と力を合わせて最後まで頑張る姿がみられる。		
活動のねらい	・絵本『たろうのともだち』を見て、友達の素晴らしさに気づく。 ・絵本の中の登場人物になってゲームを楽しむ。		

時間	環境構成・準備物	予想される子どもの活動	保育者の援助および配慮
10:30 10:40 11:00	保育者 【準備物】 ・絵本『たろうのともだち』 ・椅子（つみき）人数分 ・ペンダント人数分＋数個 ・ペンダントを入れるかご 椅子をまるく並べる ※ゲームを開始する時は保育者の椅子を1つ取る	○保育者の周りに集まって座る。 ○絵本「たろうのともだち」を見る。 ・絵本の登場人物を思い出して話し合う。 ・ゲームの説明を聞く ・椅子を並べて座る。 ○「たろうのともだち」ゲームをする。 ・ペンダントを首にかける。 ・ゲームのルールを聞く。 ・鬼は「いぬ」「ねこ」「ひよこ」「こおろぎ」「たろう」から好きな名前を言う。 ・自分が呼ばれると他の椅子に引っ越す。座れなければ次の鬼となる。 ・「たろうのともだち」と言うと全員が引っ越す。鬼を交代し何度か続ける。 ○椅子を片付けて集まる。	・絵本の見える位置に集まるように促し集まったことを確認する。 ・子どもの表情を見ながら、ゆっくりとした速度で読む。 ・絵本の登場人物を確認してゲームにつなげる（ペンダント5種類を準備）。 ・安全に配慮して円形に椅子を並べられるように誘導する。 ・絵本の登場人物のペンダントを配りゲームを盛り上げる。配布時は選べるように人数より多めに準備する。 ・実演を交えてルールの説明をする。 ・最初の鬼には保育者がなり見本を示す。椅子は減らさずに全員が座れるようにし、慣れてきたら保育者の椅子を抜くことを伝えてゲームを始める。声の小さい子どもや選べない子どもには側について援助する。子どもが十分に楽しめた頃に「あと何回」で終わることを予告する ・最後に鬼で終わった子どもに配慮して一緒にペンダントを集める。 ・全員が楽しめたかどうか様子を観察し、頑張りを認めて次への期待感を高めながら活動を終了する。

図5-2　絵本『たろうのひっこし』

図5-3　絵本『たろうのともだち』

初はお面を使用しました。何度かゲームをして遊んだ後、子どもたちは自然に絵本の中の台詞を話し始め、劇ごっこへと展開していきました。

　実際に参観日に劇の形にして保護者の前で披露したのは、絵本『たろうのひっこし』（図5-2参照）をもとにしたお話でした。何度も遊んできた絵本なので、どの役の台詞も覚えています。本物のピンクの（絵本では赤）大きなカーペットをくるくると巻いて、子どもたちが数人で抱えて教室内を練り歩きました。劇が終わった後は、ペンダント型の『たろうのともだち』（図5-3参照）を作成し、ゲームとして楽しみました。

(2) エピソード②
■ キッズファームのイチゴ狩りとお花のケーキ作り（4歳児5月）
　年間指導計画（表5-1のⅠ期：4月上旬～5月中旬）
　環境構成と援助・留意点のポイント 〈環境構成〉
　春の自然に保育者自身が関心を示すことで、自然に関わったり季節を感じたりできるようにする。

　「土曜日の預かり保育」に登園した15名の附属幼稚園園児が大学構内に遊びに来ていました。とても爽やかな気持ちのよい日、外遊びには最適です。

　久しぶりの「イチゴ狩り」、今日も大量の収穫です。「みてみて！　おおきい
よ！」「こんな赤ちゃんイチゴあったよ」と収穫したイチゴを自慢げに見せ
てくれる子どもたち。みんなのぶんをお鍋に入れて、幼稚園に持って帰って
から、ちゃんと洗って食べます。

　畑からの帰り道、大学構内の花は少し盛りを過ぎた頃で、ツツジ・バラ・
チューリップ……花びらがたくさん落ちていました。バケツの中に拾った花
びらがいっぱいになったので、色水遊びするかな……？と、「すり鉢」や「す
りこぎ」を準備してみました。年長児は早速花びらをすりつぶして色水を作
り、年中児も続きます。入園したばかりの３歳児も真似をしてみますがうま
くできません。すぐに興味は花より「みず」に移ります。何度も何度もペッ
トボトルに水を入れては、排水溝に流します。少し飽きてきた頃、目にとまっ
たのは紙袋です。「ここに入れる」それは無理だろうと思いましたが、やっ
てみるのが３歳児。おかげで靴も靴下も濡れてしまいましたが気にもとめま

せん。

その隣で一人の 4 歳男児が、早々に「色水」作りをやめて、ペットボトルの中に花びらを詰める作業に夢中になります。お水もたっぷり入れて「お花のケーキ」ができあがりました。4 人家族みんなのぶんもできあがり、大事そうに抱えて幼稚園に帰っていきました。お土産喜んでもらえるかな？

(3) エピソード③
■ 紙飛行機をとばそう（4 歳児 2 月）
年間指導計画（表 5-1 の Ⅳ 期：1 月上旬〜3 月下旬）

〈幼児の姿〉

個々の興味が広がり、新しい活動に進んで取り組むようになり、試したり工夫したりしながら遊ぶ姿がみられるようになる。

〈保育者の援助と留意点〉

自分たちで問題解決をしようとしている姿を見守り、必要に応じて言葉がけをする。

教育実習生の部分実習の日。主な活動のテーマは「色紙で紙飛行機を作ってとばす」でした。指導案上の計画は折った飛行機に、各自のマジックペンを使用して好きな絵を描く、となっていましたが、緊張した実習生はうまく

伝えられなかったのか先に色紙に絵を描いてしまう園児が続出しました。折り紙が好きで紙飛行機は得意な男児も、早々に仕上げてしまいとばし始めます。いつも「お友達のほうに向けてとばすのはあぶないよ」と保育者から言われているので、ロッカーの上の壁面に向かって投げ始めました。ところが、思うように壁にあたりません。日頃から好きなことには集中して取り組むことができる男児は今回もスイッチが入ったのか「どうすれば思い通りにとばせるか」と工夫をし始めます。遠くにとばすためには先端に重心が必要だと経験上理解していたのか、そこに使いかけのまま放置していた自分のマジックペンのキャップを見つけて、紙飛行機の先に取り付け始めました。工夫の甲斐あって、紙飛行機は遠くへとびます。やがて、もっと遠くへとばしたいと保育室の反対側に向かってとばし始めました。

　その様子を見守っていた担任保育者は、頃合いを見て、この男児のマジッ

クペンのセットがそのまま放置されていて、キャップが外れたままであることに気づくように声をかけます。見渡すと、実習生は既にお片付けの活動に移っています。男児はあわてて紙飛行機からキャップを外し、マジックペンのセットを道具箱に片付けに行きました。

　以上、3つのエピソードから、第3章の2節で示した計画の必要性（①子どもが発達過程と時期に応じた経験をするため、②子どもの育ちや生活の連続性、季節の変化等を見通すため、③子どもの予想外の活動を捉えて応答するため）が理解できたと思います。

　このように、一場面を切り取ってみても幼児理解の参考になります。しかし、保育はつながっています。「たろうのともだち」ゲームは形を変えてずっと取り組むことになり、「キャップを先に付けた紙飛行機」を作った男児は、以前の経験から先端を重くするとよく飛ぶことを学んでいたのでしょう。子どもたちにとってはすべての経験が次の活動への導入となっています。

　そのように考えていくと、これらのエピソードにもいくつかの課題が見えてきます。第一に、同じ活動にも複数の「ねらい」があることです。例えば、春の花を使った色水あそびやケーキ作りも、とても楽しい時間が過ごせましたが、活動を進めるには枯れた花だけでは満足できなくなった子どもたちが、一方で「草花を摘む」という行動をとりました。「命を大切にする」という観点からは今後の指導が必要です。子どもたちの自由な活動にもルールを設けなければならないでしょう。第二に、危険を回避する環境設定についてです。「たろうのともだち」ゲームの指導上に環境として準備した「ペンダント」も子どもたちの年齢や状況によっては首に紐状のものをぶら下げるのですから、危険がないとはいえません。また「紙飛行機」もどこへ向かって投げるのか「的」のようなものを準備することも環境として考えられるでしょう。保育者は、援助と環境の再構成を的確に行いながら、「ねらい」の達成に向けて取り組んでいきます。

■ 引用・参考文献 ───────

後藤由美（2020）指導案2（部分実習）民秋言 他（編）幼稚園実習〈新版〉北大路書房
文部省（1964）幼稚園教育要領　フレーベル館
文部省（1989）幼稚園教育指導書〈増補版〉フレーベル館
文部省（1998）幼稚園教育要領　フレーベル館
文部科学省（2008）幼稚園教育要領　フレーベル館
文部科学省（2017）幼稚園教育要領　フレーベル館
文部科学省（2018）幼稚園教育要領解説　フレーベル館
文部科学省（2020）「令和元年度幼児教育実態調査」
　　　https://www.mext.go.jp/component/a_menu/education/detail/__icsFiles/
　　　afieldfile/2020/01/30/1278591_06.pdf（2021年3月13日閲覧）
村上桂子／作・堀内誠一／絵（1977）たろうのともだち　福音館書店
村上桂子／作・堀内誠一／絵（1985）たろうのひっこし　福音館書店
内閣府子ども子育て本部（2021）「子ども・子育て支援新制度について（令和3年6月）」
　　　https://www8.cao.go.jp/shoushi/shinseido/outline/pdf/setsumei_p1.pdf（2021年9月10
　　　日閲覧）
汐見稔幸（2017）さあ、子どもたちの「未来」を話しませんか：2017年告示　新指針・要領
　　　からのメッセージ　小学館

まとめの演習

1 幼稚園・幼保連携型認定こども園の社会的背景とカリキュラムの関係について、自分の言葉でまとめましょう。

2 あなたが興味を持っている園の指導計画を調べてみましょう。

3 表5-4を参考にして、4歳児クラスでの指導案（部分実習）を立案してみましょう。

実習生氏名		担当保育者	
日時・天候	年　　月　　日（　）		
クラス	組　　歳児　男児　名 女児　名　計　名		
主な活動名			
本日に至るまでの子どもの姿			
活動のねらい	・ ・		

時間	環境構成・準備物	予想される子どもの活動	保育者の援助および配慮

第 **6** 章

保育の柔軟な展開とその配慮

 この章のポイント ・・・・・・・・・・・・・・・・・・・・・・・・・・・・・

● 幼小接続の意味および「幼児期の終わりまでに育ってほしい姿（10 の姿）」
　との関係性を知る。

● インクルーシブ保育、長時間保育について理解する。

● 子どもの育ちを支える保育所児童保育要録の書き方について学ぶ。

1.「幼児期の終わりまでに育ってほしい姿」について

　第 5 章にも述べられている通り、2006 年の改正教育基本法では「幼児期の教育」が規定され、2007 年の改正学校教育法において、学校教育は幼稚園から始まるものであることが明記されました。その直後に改訂された、2008 年の幼稚園教育要領には、重視するべき事柄の一つとして「幼稚園教育から小学校教育への滑らかな移行」が掲げられ、小学校の教師との意見交換や合同の研究の機会を設けたりすることが示されました。同じく 2008 年の保育所保育指針の改定においても、職員同士の交流、情報共有や相互理解など小学校との積極的な連携を図るよう、具体的な事項が示されています。

　しかしながら幼児期の教育と小学校教育との連携の実現は容易とは言えず、例えば 2010 年の「幼児期の教育と小学校教育の円滑な接続の在り方に関する調査研究協力者会議」の報告を見ると、幼小接続が「7,8 割ができていない」という結果であること、そして、できない理由の一つには教育課程の構成原理やそれに伴う指導方法、発達の捉え方などの違いが、相互に理解されにくいものであることが指摘されています（文部科学省，2009）。

　例えば、小学校学習指導要領においては育つべき具体的な姿「〜ができるようにする」といった目標への到達が示されているのに対し、幼稚園教育要領や保育所保育指針では発達過程に配慮した違いから「〜を味わう」「〜を感じる」などのように、いわばその後の教育の方向づけを重視した目標の提示の仕方で構成されています。これでは子どもたちの「具体的な姿が見えにくい」というのが小学校側からの意見でした。

　そこで当初提案されたのが「幼児期の終わりまでに育ってほしい幼児の具体的な姿（参考例）」です。「各幼稚園、保育所、認定こども園においては、幼児の発達や学びの個人差に留意しつつ、幼児期の終わりまでに育ってほし

い幼児の姿を具体的にイメージして、日々の教育を行っていく必要がある。また、各小学校においては、各幼稚園、保育所、認定こども園と情報を共有し、幼児期の終わりの姿を理解した上で、幼小接続の具体の取組を進めていくことが求められる」と提示されています（文部科学省，2009）。

　すなわち、この度の2017年の改定や改訂で、新指針、要領、教育・保育要領の三者に示された「幼児期の終わりまでに育ってほしい姿（10の姿）」は、まさに幼児教育施設と小学校との円滑な接続をはかるための共通のキーワードになったということがわかります。

　そして、これら10の姿は「到達目標ではない」という言葉と共に提示されている点が特徴的であり、例えば後節で述べられる保育所児童保育要録等の書き方の説明においても「幼児期の終わりまでに育ってほしい姿」が「特に5歳半にみられるようになる姿である」とされ、「とりわけ幼児の自発的な活動としての遊びを通して、一人一人の発達の特性に応じて、これらの姿が育っていくものであり、すべての幼児に同じようにみられるものではないことに留意すること」と示されてます（文部科学省，2018）。

2．幼小接続について

　「幼小接続」とは子どもの発達や学びの連続性を保障するための「円滑な接続」を図るための働きかけであり、「幼」とは、幼児期の教育の場であるところの幼稚園、保育所、幼保連携型認定こども園における教育を指し、「小」とは児童期の教育の場である小学校における教育を指します。これらを円滑に接続し、体系的な教育を組織的に行うことを「幼小接続」と言います。

　この幼小の「円滑な接続」は、新学習指導要領第1章総則や、幼稚園教育要領第1章総則、保育所保育指針第2章保育の内容、幼保連携型認定こども園教育・保育要領第1章総則に提示された推奨事項です。

　そして、前述の通り、指針や要領に提示された「幼児期の終わりまでに育っ

表 6-1　育みたい資質能力に向かう幼児へのカリキュラム（筆者作成）

乳児期 0歳	1～3歳	幼児期 3～5歳	10の姿 5歳半～	小学校以上～高校 育みたい資質・能力
健やかに伸び伸びと育つ	**知識および技能の基礎** 健康 ・明るく伸び伸びと生活し、自分から体を動かすことを楽しむ。 ・自分の体を十分に動かし、様々な動きをしようとする。 ・健康、安全な生活に必要な習慣に気づき、自分でしてみようとする気持ちが育つ。 豊かな体験を通じて、感じたり、気づいたり、わかったり、できるようになったりする	健康 ・明るく伸び伸びと行動し、充実感を味わう。 ・自分の体を十分に動かし、進んで運動しようとする。 ・健康、安全な生活に必要な習慣や態度を身に付け、見通しを持って行動する。	健康な心と体	**知識および技能** 何を知っているか、何ができるか
	思考力、判断力、表現力等の基礎 人間関係 ・保育所での生活を楽しみ、身近な人と関わる心地よさを感じる。 ・周囲の子ども等への興味や関わりが高まり、関わりをもとうとする。	人間関係 ・幼稚園生活を楽しみ、自分の力で行動することの充実感を味わう。 ・身近な人と親しみ、関わりを深め、工夫したり、協力したりして一緒に活動できる楽しさを味わい、愛情や信頼感を持つ。 ・社会生活における望ましい習慣や態度を身に付ける。	自立心 協同性	
	環境 ・保育所の生活の仕方に慣れ、決まりの大切さに気づく。 ・身近な環境に親しみ、触れ合う中で、様々なものに興味や関心を持つ。	環境 ・身近な環境に親しみ、自然と触れ合う中で様々な事象に興味や関心を持つ。	道徳性・規範意識の芽生え 社会生活との関わり 思考力の芽生え	**思考力、判断力、表現力**

遊びを通しての総合的な指導

	知識及び技能の基礎	思考力・判断力・表現力等の基礎	学びに向かう力、人間性等
	知っていること・できることをどう使うか		学びに向かう力、人間性等 どのように社会・世界と関わり、よりよい人生を送るか
	自然との関わり・生命尊重／数量や図形、標識や文字などへの関心・感覚		言葉による伝え合い／豊かな感性と表現

遊びを通しての総合的な指導

領域		
環境	・身近な環境に自分から関わり、発見を楽しんだり、考えたり、それを生活に取り入れようとする。 ・身近な事象を見たり、考えたり、扱ったりする中で、物の性質や数量、文字などに対する感覚を豊かにする。	
言葉	・自分の気持ちを言葉で表現する楽しさを味わう。 ・人の言葉や話などをよく聞き、自分の経験したことや考えたことを話し、伝え合う喜びを味わう。 ・日常生活に必要な言葉が分かるようになるとともに、絵本や物語などに親しみ、言葉に対する感覚を豊かにし、先生や友達と心を通わせる。	
表現	・いろいろなものの美しさなどに対する豊かな感性を持つ。 ・感じたことや考えたことを自分なりに表現して楽しむ。 ・生活の中でイメージを豊かにし、様々な表現を楽しむ。	

学びに向かう力、人間性等

心情、意欲、態度が育つ中で、よりよい生活を営もうとする

領域		
環境	・様々なものに関わる中で、発見を楽しんだり、考えたりしようとする。 ・見る、聞く、触れるなどの経験を通して、感覚を豊かにする。	
言葉	・言葉遊びや言葉で表現する楽しさを知る。 ・人の言葉や話などを聞き、自分でも思ったことを伝えようとする。 ・絵本や物語等に親しむとともに、言葉のやりとりを通して身近な人と気持ちを通わせる。	
表現	・身体の諸感覚の経験を豊かにし、様々な感覚を味わう。 ・感じたことや考えたことを自分なりに表現しようとする。 ・生活や遊びの様々な体験を通して、イメージや感性が豊かになる。	

身近な人と気持ちが通じ合う

身近なものと関わり感性が育つ

111

てほしい姿」は、幼小接続の実践に向けた改定（訂）と言えます。

　当然のことながら、これまで子どもの心情、意欲、態度を育むために5領域に示されてきた「ねらい及び内容」は従来通り実施されます。これらの活動全体を通して、幼稚園、保育所、幼保連携型認定こども園の保育者が育んでいる子ども像を「10の姿」に捉え直すことで、小学校の教員に共通の理解を得ることが期待できるのです。そしてこのような幼小接続の強化は、国が方針として掲げる育みたい資質能力の三本柱を支える力となっていきます（表6-1参照）。

3. 接続期について

　文部科学省は幼小接続を重視する時期を、「接続期」と呼び、幼児期においてはアプローチ・カリキュラム、小学校においてはスタート・カリキュラムと提示し対応を行っています（図6-1、表6-2参照）。

　幼小が、互いの教育内容の深さや広がりを充分に理解した上で、それぞれの教育内容を充実させることが重要であり、一方が他方に合わせるものではない、ということに留意しなければならないことも明記されています。

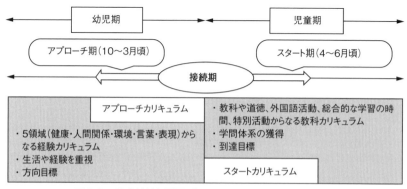

図6-1　幼小接続解説図（兵庫県教育委員会，2019より）

112

表6-2　アプローチ／スタート・カリキュラム（兵庫県教育委員会，2019より）

● アプローチ・カリキュラム

就学前の幼児が円滑に小学校の生活や学習へ適応できるようにするとともに、幼児期の学びが小学校の生活や学習で生かされてつながるように工夫された5歳児のカリキュラム。今育まれている学びがどのようにつながっていくのかの見通しを持ちながら進められる。

● スタート・カリキュラム

幼児期の育ちや学びを踏まえて、小学校の授業を中心とした学習へうまくつなげるために、小学校入学後に実施される合理的・関連的カリキュラム。今の学びがどのように育まれてきたのかを理解しながら進められる。

　そしてこの時期は「『学びの基礎力』の育成期間である幼児期と児童期の教育双方が接続を意識する期間であるが、幼児期から児童期の単なる馴致期間と捉えるべきではない。幼児期の年長から小学校低学年の期間における子どもの発達と学びの連続性を踏まえて、接続期を捉える必要がある」（文部科学省，2009）とされています。

　幼児期の教育と児童期の教育には、子どもの発達の過程の違いに起因する教育課程の構成原理や指導方法等の様々な違いが存在します（表6-3参照）。

　児童期の教育をはじめとした義務教育は、生涯にわたって自ら学ぶ態度を培う上で重要なものですが、それらは児童期の教育から突然始まるのではなく、幼児期との連続性・一貫性のある教育の中で成立します。このことから、接続期においての幼児期と児童期の教育目標は、「学びの基礎力の育成」という一つのつながりとして捉えることが大切であるとも考えられています（兵庫県教育委員会，2019）。

　実際には各学校・施設において接続期の始期・終期をどのように設定するかについては、子どもの実態等を踏まえ、適切な期間を設定して幼小接続の実践を工夫してよいことになっており、研究活動も推奨されていることから、各都道府県においてユニークな事例を報告として見ることができます。

表 6-3　幼児期と児童期の教育（兵庫県教育委員会，2019 より）

	幼児期の教育	児童期の教育
教育課程の基準	幼稚園教育要領・保育所保育指針 幼保連携型認定こども園教育・保育要領	小学校学習指導要領
	健康・人間関係・環境・言葉・表現	国語・社会・算数・理科・生活・音楽・図画工作・家庭・体育・道徳・外国語活動・総合的な学習の時間・特別活動
教育課程の構成原理	経験カリキュラム （一人一人の生活や経験の重視）	教科カリキュラム （学問の体系を重視）
	方向目標 （その後の教育の方向付けを重視）	到達目標 （具体的な目標への到達を重視）
教育の方法等	遊びを通した総合的な指導	各教育の学習内容を系統的に指導
学びの形態	無自覚な学び（学びの芽生え） 学ぶことを意識していないが、楽しいことや好きなことに集中することを通じて、様々なことを学んでいくこと	自覚的な学び 学ぶことについての意識があり、与えられた課題を自分の課題として受け止め、計画的に学習を進めていくこと

　例えば、京都では幼小接続が推進されるように研究プロジェクトを立ち上げ、『京都市保幼小連携・接続パンフレット　子どもの学びと育ちをつなぐ』を作成、無料配布しています（京都市，2020）。

　ところで、子どもの育ちは一生涯続いており、子どもの心は生まれてから乳児期、幼児期、小学校につながり、未来につながり続けるものです。小学校入学を境に「大人の関わり」が大きく変わると、子どもが強く不安を覚えることにもなるでしょう。子どもが安心・安定してこの「接続期」を過ごすことができるよう、小学校教員側の幼児理解と保育者側の児童理解が重要になることは言うまでもありません。

2節 配慮が必要な子どもへの保育

　保育現場には保育を必要とする様々な子どもが集います。その中には発達に課題のある子どもや外国籍の子どももいます。また、保護者の就労形態によっては保育の場に長時間いる子どももいます。この節では、障がいのある子どもへの保育と、長時間保育について見ていきます。

1. 障がいのある子どもへの保育

　保育現場では発達に課題のある子どもに出会います。医師による診断を受けている場合もあれば、診断はされていないものの、特徴的な育ちの姿が日々の保育の中で見受けられ、保育者として気がかりなこともあります。

　現在、障がいのある子どもの保育を考える際には、インクルーシブの視点が主流になりつつあります。我が国の障がい児保育の歴史を振り返ると、障がいのある子どもとない子どもを分けて保育する「分離保育」の時代を経て「統合保育」を実践するようになり、現在では「インクルーシブ保育」の考えが用いられています。インクルーシブ保育とは、障がいの有無にかかわらず、全ての子どもを包括的に保育する、という意味合いを持ちます。

　インクルーシブという考え方が世界に広がったきっかけは、1994年にスペインのサラマンカでユネスコとスペイン政府による「特別なニーズ教育に関する世界会議」が開催され、「特別なニーズ教育における原則、政策、実践に関するサラマンカ声明」が採択されたことです。この声明は「万人のための教育」を掲げ、特別な教育ニーズは障がいのある子どもだけではなく、人種・民族・文化的にマイノリティであり学習上の困難を有している「全ての子どもたち」を対象としたものです。すなわちインクルーシブ保育は障がいのある子どもはもちろん、全ての子どもを包み込んだ保育実践の実現を指

しています。

　また2006年、国連で「障害者の権利に関する条約」が採択されました。この条約はインクルーシブ教育について言及しています。日本も2007年にこの条約に署名し、関連法律の改正を経て2014年に批准しました。このような経過を考えると、障がいのある子どもはもちろん、全ての子どもたち一人ひとりが輝くためにはどのような保育実践が必要なのかを考えることは当然のことだと言えるでしょう。保育所保育指針には、障がいのある子どもについて次のように記されています。

第1章　総則
3　保育の計画及び評価
(2)　指導計画の作成
キ　障害のある子どもの保育については、一人一人の子どもの発達過程や障害の状態を把握し、適切な環境の下で、障害のある子どもが他の子どもとの生活を通して共に成長できるよう、指導計画の中に位置付けること。また、子どもの状況に応じた保育を実施する観点から、家庭や関係機関と連携した支援のための計画を個別に作成するなど適切な対応を図ること。

(1) 子どもの特性理解

　「一人一人の子どもの発達過程や障害の状態を把握し」とあるように、まずは子どもの障がいの把握、特性理解が求められます。障がいの様態を正確に理解することは、子ども理解につながります。

　例えば、「ADHD」と診断された子どもがいたとします。その際に、「以前、担任した子どもにADHDの子がいたから、その子と同じことだ」と思うか、「おおよそのイメージを持つことはできても、実際にその子の様子を確認して状態と支援方法を検討しよう」と思うかによって、その後の保育者の関わ

りは変わってきます。同じ障がいを有していても、子どもの性格や生育環境が違う以上、全く同じものにはならないということをよく理解し、一人ひとりに丁寧な対応をすることが望まれます。多動であっても、どのような場面でそうなるのか、食の偏りがある場合でも、何に対してどのように偏っているかを見極めるのは子ども理解であり、保育者の専門性の一つです。個々の子どもへの個別の理解が基盤になります。

(2) 環境調整

　障がいのある子どもと関わる時に重要になってくるのは、環境調整です。子どもの特性によっては、聴覚、触覚、味覚に過敏性を感じる子どもも少なくありません。聴覚が過敏な子どもは、人の話し声やエレクトーンの音など、他児が気にならない音にしんどくなり、その場にいることが困難になる場合もあります。また触覚が過敏な子どもは、砂場遊びでの砂や泥のさわり心地や、造形遊びの際に手指にのりがつくことを嫌がることもあります。また、知的に遅れのある場合には、保育者の話す内容を理解するのが難しい場合があります。このような時こそ、環境調整や関わり方に工夫が必要になります。
　まずは視覚支援を活用しましょう。言葉だけに頼らずに、見てわかるように伝えることを視覚支援と言います。人間は視覚から約 8 割の情報を得ていると言われています。言葉だけでは伝わりにくい時は、目で見える情報法に言葉を添えて示すことで、子どもの理解を助けることになるのです。特に自閉傾向児の場合は、視覚情報が先行き手順を示してくれるので、パニックを防ぐことができます（構造化プログラム）。
　図 6-2 の写真は保育室の手洗い場のものです。子どもの目の高さに、手を洗う順番が示されています。子どもが手洗い場に立ち、正面を見ると目の高さにこの図があり、これを見ると、子どもは誰かに尋ねなくても手洗いの方法を理解することができます。そして同時に、保育者が言葉で伝えることも大切です。保育者は子どもと一緒に手洗い場に立ち、この図に言葉を添えな

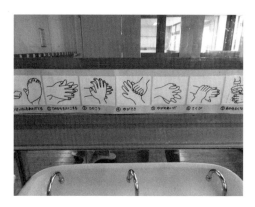

図6-2　保育室の手洗い場

がら手洗いについて説明します。これを何度か繰り返すことで、子どもは手を洗う時にこの図を見ること、手洗いの方法を身につけることができるようになります。視覚支援のみでなく、保育者との関係の中で理解できることがとても大切です。

　逆に視覚情報の過多が混乱につながる場合があります。例えば、保育室内のおもちゃを収納している棚などは、形も色も様々なものが置かれています。特に自閉傾向児の場合は、このような情報が刺激となって子どもが過剰に反応してしまうこともあるので、使わない時は棚にカーテンをつける等して、視覚刺激になるものを遮断することも一つの方法です。

　このように、個々の子どもの特性に応じて、保育環境の調整を行います。

（3）個別の支援計画

　保育の場は、全ての子どもが生活や遊びを通して育ち合う場で、障がいや発達上の課題を有している子どもには適切に配慮し、その育ちを保障することが求められます。したがって、日々の保育の指導計画を作成する際には、障がいのある子どもをその中に位置づけ、どのような支援や環境を整えるかを示して実践していくことが望まれます。そのためには個々の子どもの特性

に応じた個別の指導計画の作成が必要になります。年間を通して子どもの発達を見通し、目指す姿を明確にすることで、保育の際の関わりが具体的になります。また、個別の指導計画として文章化することで、園内で情報を共有し、共通理解をして子どもに関わることができます。保育者によって子どもへの対応が変わると子どもは混乱しますので、一貫した支援体制の構築が必要です。

　個別の支援計画を立てる際に、家庭・医療・福祉等と連携した計画の策定が大切です。子どもの育ちについては家族も様々な思いを抱いています。また、障がいのある子どもは病院・療育の場・相談機関等、様々な機関に関わっています。そこで、子どもが家庭の次に多くの時間を過ごす保育所等の保育の場において、保護者の思いや子どもの発達、療育の状況等を考え合わせ、保育の場で実践する支援を明確にして個別の支援計画を作成することは、子どもの育ちを保障することになります。

2. 長時間保育

　保育所の保育時間は、児童福祉施設の設備及び運営に関する基準第34条に基づき、1日8時間を原則としています。しかし、保護者の男女共同参画社会が進み、働き方が多様化する中では8時間の保育時間は保育ニーズにそぐわないこととなり、1981年に厚生省（現 厚生労働省）の通達により、通常の保育所の開所時間は「午前7時から概ね午後6時まで」としました。つまり子どもは11時間、保育施設にいることが可能となりました。さらにこの時間帯以上に保育時間を延ばすことを延長保育と言います。このように1日の半分近くを保育するような長時間保育について、保育所保育指針には次のように示されています。

第1章　総則

3　保育の計画及び評価

(2)　指導計画の作成

カ　長時間にわたる保育については、子どもの発達過程、生活のリズム
　　及び心身の状態に十分配慮して、保育の内容や方法、職員の協力体制、
　　家庭との連携などを指導計画に位置付けること。

　2020年度時点で保育所等の保育施設（保育所、幼保連携型認定こども園、
地域型保育事業含む）は37,652か所あります。その中で延長保育を実施し
ているのは29,463か所になります（厚生労働省，2021）。約8割の保育施設
で延長保育を実施していることは長時間の保育へのニーズの高さがうかがえ
ますし、延長保育を利用していなくても長時間を保育施設で過ごす子どもへ
の配慮が必要になります。

　また、長時間保育の一つとして、夜間保育の対応も検討する必要がありま
す。夜間保育を実施している認可保育施設は全国で76か所あり、必ずしも
多くありません。しかし保護者の就労形態によっては夜間に及ぶ長時間保育
の対象であることを理解しておくことが重要です。

　いずれにしろ長時間保育においては、子どもが安心して過ごせる家庭的な
雰囲気の環境調整が必要になります。子どもにとって、くつろげない雰囲気
の保育環境で長時間生活することは苦痛であり、ストレスが生じます。保育
室内のものの配置、色合い、そして環境としての保育者のあり方が重要にな
ります。保育内容も、子どもがのびのびと自己発揮できるものに見直してい
く必要があるでしょう。

　また、職員間や家庭との連携も重要になります。開所時間が11時間ある
ということは、保育者の勤務時間を越えて子どものほうが長く保育施設内に
いることになります。保育者間での子どもの状況を引継ぐことは子どもが安
全に安心して過ごすには必要なことになりますので、確実に行えるようにし

ましょう。さらに、保護者との連携も重要です。保護者に子どもの一日の様子を伝えることで、保護者に安心感が生まれます。子ども自身が保育の場で楽しく安全に過ごしていることが実感できるのは、何よりの保護者支援になります。

このように、障がいのある子どもの保育や長時間保育の留意点を意識して、よりよい保育実践を行うことが望まれます。

3節 子どもの育ちを支える保育所児童保育要録

1. 保育所児童保育要録とは

児童福祉法にも謳われている「子どもの権利」を守るため、園には、一人ひとりの子どもが快適に生活でき、健康で安全に過ごせ、生理的欲求が十分に満たされ、自分の気持ちを安心して表すことができるような質の高い保育が求められます。

保育の質について、OECD（経済協力開発機構）は、「子どもたちが心

図6-3 おおわだ保育園での給食の様子

身ともに満たされ、豊かに生きていくことを支える環境や経験」（OECD, 2015）としています。保育所での給食時で考えると、質の高い保育は、子どもが「おいしい」と言い、「幸せ」を感じるような環境のことで、子どもが園生活で幸せを感じることではないでしょうか（図6-3参照）。

保育所児童保育要録（以下「要録」）とは、保育所が一人ひとりの子どもの就学予定の小学校へ送付する資料のことで、保育者がこの資料を作成します。

2018年3月、「保育所保育指針」の改定に伴い、要録の見直しがあり、保育所と小学校との連携に関して、保育所保育と小学校教育との一層の円滑な接続に資するために、「幼児期の終わりまでに育ってほしい姿（10の姿）」を共有する等の記載が追加されました。見直し後の要録は、2018年3月30日付け「保育所保育指針の適用に際しての留意事項について」（厚生労働省保育課長通知）において周知され、2019年4月に小学校に入学する子どもより適用されることとなりました。

具体的に、2018年の見直しによって追加された要録の「記載すべき」内容は、以下のものがあります。

①要録の目的を踏まえた記載事項の改善
　・要録の意義の明示、養護と教育に関する記載欄の統合、領域のねらいと「姿」の明記
②要録における保育の過程と子どもの育ちの示し方
　・子どもの生活や遊びにおける姿を捉えて保育の過程と子どもの育ちを記載することを留意事項として記載
　・計画・実践・評価に至る保育の過程を反映した要録の記載
　・最終年度に至る保育期間全体を通じての育ちの経過の記載
③その他、特に小学校に伝えるべき事項等
　・個人情報の取扱いに留意しながら、特に小学校へ伝えたい事項に関し

ては特記事項として記載
・ 要録作成を通じた保育の質の向上、就学前の保育施設における要録の
　様式の整合性、要録の活用に向けた取組

　一方、小学校においても、「（小学校では）幼稚園教育要領等に基づく幼児
期の教育を通して育まれた資質・能力を踏まえて教育活動を実施する」、「小
学校入学当初においては、幼児期において自発的な活動としての遊びを通し
て育まれてきたことが、各教科等における学習に円滑に接続されるよう、生
活科を中心に、合科的・関連的な指導や弾力的な時間割の設定など、指導の
工夫や指導計画の作成を行うこと」という教育実践内容が、「小学校学習指
導要領」に示されています。

2. 育みたい資質・能力を踏まえた要録の書き方

　では、幼児期において育みたい資質・能力とは何でしょうか。育みたい資
質・能力について、「保育所保育指針」第1章総則　4　幼児教育を行う施設
として共有すべき事項（1）には、下記の3点が記されています。

【知識及び技能の基礎】
　豊かな体験を通じて、感じたり、気付いたり、分かったり、できるよ
　うになったりする
【思考力、判断力、表現力等の基礎】
　気付いたことや、できるようになったことなどを使い、考えたり、試
　したり、工夫したり、表現したりする
【学びに向かう力、人間性等】
　心情、意欲、態度が育つ中で、よりよい生活を営もうとする

要録の書き方の留意点は、読み手が小学校教諭ということを考え、子どもの姿が伝わるように、子どもの特徴が伝わるようなエピソードを簡潔明瞭に書くことです。なぜなら、子どもの発達や学びの連続性と小学校での指導の継続性を図るために要録があるからです。また、前述の育みたい資質・能力を踏まえた要録の書き方を表6-4に示しますので参考にしてください。

　保育者は、要録を書くために、過去の文章で記録を振り返るのではなく、

表6-4　育みたい資質・能力を踏まえた要録の書き方

【知識及び技能の基礎】
本日は○○の活動を通して豊かな体験を経験しました。
○○さんは、○○○と感じていました。
○○さんは、○○○に気づいていました。
○○さんは、○○○をわかりました。
○○さんは、○○○ができるようになりました。

【思考力、判断力、表現力等の基礎】
○○○さんは、○○○を使っていました。
○○○さんは、○○○と考えていました。
○○○さんは、○○○を試していました。
○○○さんは、○○○を工夫していました。
○○○さんは、○○○を表現しました。

図6-4　過去の写真

過去の写真で振り返るほうが、子どものその時の情景がすぐに思い浮かぶことがあります。例えば、図6-4の写真を見て、表6-4の要録の書き方を活用すると、みなさんならどんな文章が書けるでしょうか。例えば、「Kくんは、園庭で大好きなまる虫（だんご虫）を見つけることができるようになりました」「Sくんは、まる虫が湿った場所を好み、植木鉢の下によくいると考えていました」「Tくんは、まる虫が逃げないように、そっと植木鉢を動かして捕まえることを試していました」などと書くことができるでしょう。

　読み手である小学校教諭にとっても、要録の内容を写真で伝えたほうがよい場合もあり、要録に写真を貼付できることを覚えておくとよいでしょう。なお、要録は、もし何らかの事故や事件で「公開請求」があった場合には、公開されてもよい内容にしておきましょう。

3. 要録を作成する際のポイントと、特に配慮すべき事項

　要録の様式は、各市町村が地域の実状等に即して独自の要録の様式を作成していますが、幼児教育を通して担保された子どもの資質・能力を、「5領域」「幼児期の終わりまでに育ってほしい姿」の視点で振り返り、その特徴的なことを伝わるように簡潔に記載します。「幼児期の終わりまでに育ってほしい姿（10の姿）」については、表6-1を参照してください。なお、要録の様式例については、厚生労働省が「保育所児童保育要録」としてホームページ上で公表していますので検索してみましょう。

　要録の作成において、「保育の過程と子どもの育ちに関する事項」を記載する際におさえておきたい点は、以下の①～⑥です。国が示した様式例に準拠して解説しています。

①最終年度の重点
　年度当初に、全体的な計画に基づき長期の見通しとして設定したものを記

入すること。

②個人の重点

1年間を振り返って、子どもの指導について特に重視してきた点を記入することと。

③保育の展開と子どもの育ち

最終年度の1年間の保育における指導の過程と子どもの発達の姿（「保育所保育指針」第2章「保育の内容」に示された各領域のねらいを視点として、子どもの発達の実情から向上が著しいと思われるもの）を、保育所の生活を通して全体的、総合的に捉えて記入すること。その際、他の子どもとの比較や一定の基準に対する達成度についての評定によって捉えるものではないことに留意すること。あわせて、就学後の指導に必要と考えられる配慮事項等について記入すること。表6-1を参照し、「幼児期の終わりまでに育ってほしい姿」を活用して子どもに育まれている資質・能力を捉え、指導の過程と育ちつつある姿をわかりやすく記入するように留意すること。

④特に配慮すべき事項

子どもの健康の状況等、就学後の指導において配慮が必要なこととして、特記すべき事項がある場合に記入すること。

⑤最終年度に至るまでの育ちに関する事項

子どもの入所時から最終年度に至るまでの育ちに関し、最終年度における保育の過程と子どもの育ちの姿を理解する上で、特に重要と考えられることを記入すること。

⑥幼児期の終わりまでに育ってほしい姿

保育所児童保育要録（保育に関する記録）の記入に当たっては、特に小学校における子どもの指導に生かされるよう、「幼児期の終わりまでに育ってほしい姿」を活用して子どもに育まれている資質・能力を捉え、指導の過程と育ちつつある姿をわかりやすく記入するように留意すること。

　また、「幼児期の終わりまでに育ってほしい姿」が到達すべき目標ではないことに留意し、項目別に子どもの育ちつつある姿を記入するのではなく、全体的、総合的に捉えて記入すること。

　子どもの健康の状況等、就学後の指導において配慮が必要なこととして、特記すべき事項がある場合に記入することが必要です。例えば、食物・ミルクアレルギーや病気の状況等を要録に記載し、子どもの最善の利益を保障するための配慮をしましょう。

　保育者の役割は、保育所での最終年度が終われば終わりではなく、就学先の小学校においても子どもたちが楽しく健康に過ごせるように、小学校教諭に子ども一人ひとりの育ちを理解していただけるような要録を作成することも役割です。その際、小学校教諭が見ても理解できるようなわかりやすい簡素なものでよいのです。

　保育者は、「記録よりも記憶に残る」要録を目指し、小学校教諭にどう伝えるのかということに重点を置いて要録を書くことが大切で、保育者の自己満足にならないように気をつけましょう。

■ 引用・参考文献 ─────

馬場耕一郎・渡辺英則・髙橋順子・吉田茂・佐藤陽子・宮里暁美（2018）保育がグングンおもしろくなる記録・要録 書き方ガイド　メイト
保育パワーアップ研究会（2007）保育パワーアップ講座基礎編　長時間保育の研究をもとに子どもたちのすこやかな成長のために　日本小児医事出版社
兵庫県教育委員会（2019）「指導の手引き幼児期と児童期の『学び』の接続の推進に向けて：『幼児期の終わりまでに育ってほしい姿』を視点にして」
　　http://www.hyogo-c.ed.jp/~gimu-bo/08kindergarten/pdfdoc/01shidounotebiki/h30shidounotebiki.pdf（2021 年 6 月 8 日閲覧）
伊丹昌一（2017）インクルーシブ保育論　ミネルヴァ書房
厚生労働省（2017）保育所保育指針（平成 29 年告示）　フレーベル館
厚生労働省（2018）保育所保育指針解説　フレーベル館
厚生労働省（2021）「自治体の多様な保育（延長保育，病児保育，一時預かり，夜間保育）及

び障害児保育の実施状況について」
https://www.mhlw.go.jp/content/11900000/R2gaiyo.pdf（2021 年 5 月 11 日閲覧）
京都市（2020）「京都市保幼小連携・接続パンフレット　子どもの学びと育ちをつなぐ」
https://www.city.kyoto.lg.jp/hagukumi/cmsfiles/contents/0000264/264195/hoyosyo_
pamphlet.pdf（2022 年 1 月 18 日閲覧）
文部科学省（2009）「幼児期の教育と小学校教育の円滑な接続の在り方に関する調査研究協力
者会議資料」
https://www.mext.go.jp/component/b_menu/shingi/toushin/__icsFiles/afieldfi
le/2011/11/22/1298955_1_1.pdf（2021 年 1 月 1 日閲覧）
文部科学省（2017）小学校学習指導要領（平成 29 年告示）　東洋館出版社
文部科学省（2018）「幼稚園及び特別支援学校幼稚部における指導要録の改善について（通知）」
29 文科初第 1814 号　平成 30 年 3 月 30 日
https://www.mext.go.jp/a_menu/shotou/youchien/__icsFiles/afieldfi
le/2018/04/02/1403169_01.pdf（2021 年 1 月 1 日閲覧）
OECD (2015) *Starting Strong IV: Monitoring quality in early childhood education and care.* Paris:
OECD Publishing .
全国保育問題研究協議会（2019）子どもの生活と長時間保育：生活のリズムと日課　新読書
社

1 あなたが経験したり見聞きしたりしたことのある幼小接続例を箇条書きにしてください。箇条書きを参考に、接続期の幼児に実践してみたい幼小接続の具体策を考案してみましょう。

2 保育現場での実習や観察の際に、どのように視覚支援が用いられていたか話し合ってみましょう。

3 表 6-4 の要録の書き方を活用して、みなさんも文章を書いてみましょう。

オンライン授業
英国の初語と幼児教育

　海外では、すでにオンライン授業（LIVE）が積極的に行われ、オンラインが学生の交流を広く深いものにしていることが報告されています。そこで、英国在住のA保育者によるオンライン授業を導入することにしました。これに先立ち学生は、Google Meet ヘルプ（https://tinyurl.com/yb6sbrhs）を参考にオンラインを理解し、英国の幼児教育について調べ学習をしました。

　2020年の新型コロナウイルス感染防止への厳格なロックダウン（都市封鎖）政策の中、A保育者から英国の初語（子どもが最初に発する言葉）と幼児教育についてのお話をうかがいました。例えば、初語は、1歳前後にみられます。英国の初語は「mum mum mum」「da da da」等ですが、A保育者は、初語が何であっても、赤ちゃんとたくさん会話をすることがとても大切であると語りました。また、A保育者が勤務する園では、子どもの生活と主体的な表現のつながりを重視するため、レッジョ・エミリアを参考にしながら、子どもが何か材料がほしい時には材料の棚から自由に選んできて活動ができるような実践をしていました。

　学生は、オンライン授業での学びを次のように振り返っています。

　「英国は日本より義務教育期間が長く、保育の無償化が進んでいました」「4〜5歳から小学校のレセプションクラス（reception class）に入ることがわかりました」「絵本の読み聞かせをする時、保育者は読むだけでなく、次にどうなるかを問うこともあるそうです」「英国の制度のように、食事・絵本・コンピューターの支給、放課後クラブなど、子どもに直接関わる支援が増えたらよいと思いました」

　オンライン授業は、海外のことをリアルに学ぶことができるだけでなく、学生の表現力や主体性を育むことにもつながるということを、指導教員自身が感じました。

第 7 章

保育の評価

この章のポイント ・・・・・・・・・・・・・・・・・・・・・・・・・・・・・・

● 保育の評価について定めた基準や制度、評価の考え方などについて学ぶ。

● 保育者が行う「保育の評価」の実際について学ぶ。

● 社会福祉施設における第三者評価について理解する。

・・・・・・・・・・・・・・・・・・・・・・・・・・・・・・・・・・・・・・・

1. 保育内容等の評価の目的と意義

　保育内容等の評価は、子どもの豊かで健やかな育ちに資する保育の質の確保・向上を目的として行われます。

　保育所における保育の評価は、PDCA（Plan；計画→ Do；実践→ Check；省察〈振り返り〉・評価→ Action；改善）サイクルで言う C（Check）であり、保育全体との関連から捉えることが重要です。

　保育内容等の評価は、子どもの豊かで健やかな育ちに資する保育の質の確保・向上を目的として行われます。保育所における保育の実践は、様々な場面で評価が求められます。具体的には、子どもたちの育ちや内面について理解を踏まえた保育の計画と、環境の構成や子どもに対する援助・指導の過程、保育の実施運営の評価や保育者による自己評価および保育所による自己評価等があります。評価する保育者は、子どもを理解する確かな力を持って保育に当たることが大切です。

　「保育所保育指針」第 1 章総則においては、「保育の計画及び評価」や「評価を踏まえた計画の改善」が示されています。「保育の計画及び評価」では、「保育士等の自己評価」と「保育所の自己評価」の 2 つが示されています。保育所における保育内容等の評価は、保育者が自らの保育を振り返って行う自己評価と、それを踏まえ、保育所が組織全体で共通理解を持って取り組む自己評価が基本となります。

　　第 1 章　総則
　　3　保育の計画及び評価
　　(4)　保育内容等の評価
　　ア　保育士等の自己評価

（ア）　保育士等は、保育の計画や保育の記録を通して、自らの保育実践を振り返り、自己評価することを通して、その専門性の向上や保育実践の改善に努めなければならない。

（イ）　保育士等による自己評価に当たっては、子どもの活動内容やその結果だけでなく、子どもの心の育ちや意欲、取り組む過程などにも十分配慮するよう留意すること。

（ウ）　保育士等は、自己評価における自らの保育実践の振り返りや職員相互の話し合い等を通じて、専門性の向上及び保育の質の向上のための課題を明確にするとともに、保育所全体の保育の内容に関する認識を深めること。

イ　保育所の自己評価

（ア）　保育所は、保育の質の向上を図るため、保育の計画の展開や保育士等の自己評価を踏まえ、当該保育所の保育の内容等について、自ら評価を行い、その結果を公表するよう努めなければならない。

（イ）　保育所が自己評価を行うに当たっては、地域の実情や保育所の実態に即して、適切に評価の観点や項目等を設定し、全職員による共通理解をもって取り組むよう留意すること。

（ウ）　設備運営基準第 36 条の趣旨を踏まえ、保育の内容等の評価に関し、保護者及び地域住民等の意見を聴くことが望ましいこと。

　併せて、児童福祉施設の設備及び運営に関する基準にもあるように、保護者の理解及び協力を得ること（第 36 条）と、定期的に外部の者における評価を受けて公表するよう努めなければならない（第 36 条の 2）とされています。外部評価の結果を公表することは、それぞれの保育所が保護者や地域社会において社会的責任を果たす意味でも重要なことです。なお、保育所の定期的な外部の者における評価（第三者評価）については、厚生労働省が「保育所における第三者評価の実施について（通知）」として公表していますので、

「第三者評価」「保育所」をキーワードにして、是非ネット検索をしてみましょう。

（保護者との連絡）

第36条　保育所の長は、常に入所している乳幼児の保護者と密接な連絡をとり、保育の内容等につき、その保護者の理解及び協力を得るよう努めなければならない。

（業務の質の評価等）

第36条の2　保育所は、自らその行う法第39条に規定する業務の質の評価を行い、常にその改善を図らなければならない。

2　保育所は、定期的に外部の者による評価を受けて、それらの結果を公表し、常にその改善を図るよう努めなければならない。

　評価の結果を公表し、常にその改善を図るよう努めなければならないことを受けて、2009年3月に、厚生労働省によって「保育所における自己評価ガイドライン」が作成されました。

2.「保育所における自己評価ガイドライン」から見る評価とは

　「保育所保育指針」における、保育の内容等の自己評価については前述のとおりです。2020年3月には、「振り返りを通じた質の確保・向上」を目指し「保育所における自己評価ガイドライン（2020年改訂）」が示されました。ここでは、この記載内容の一層の充実が図られたガイドラインから見る保育者が「自らの保育を振り返って行う自己評価」の展開について見ていきましょう。

(1) 自己評価における子どもの理解

　保育者は、評価を行う際の前提として子どもとの関わりの中から一人ひとりを理解し、自身の枠組みに当てはめた固定的な見方をしていないか注意をしなければなりません。

　例えば、保育者の保育の計画のもと、実践の振り返りをした際に「できた」「できなかった」という結果だけで見てしまうようなことでは、正確な子どもの理解がなされているとは言えません。言うまでもありませんが、子ども一人ひとりは違う人格を持っています。そのような偏った理解が自分にはあるという自己理解（覚知）がまずは重要です。

　本来、どのような保育を目指しているのか、どのような子どもに成長してほしいのか遊びや活動の中から理解をしていくことが求められます。決して、保育者側の一方的な見方だけではなく、他の保育者や保護者の意見も子どもの理解につながる大切な情報となります。

　また、子どもたちが保育者との関わりの中でどう感じているのか、子どもの側からの視点も忘れてはならないでしょう。

(2) 保育の計画と実践の振り返り（評価）

　保育の計画や実践の振り返り（評価）をするためには、まずは「保育所保育指針」の示す保育の基本的な考え方と、それぞれの保育所の保育の理念・方針等に照らした上で、自分の実践した保育を振り返ることです。

　できなかったことや反省という視点ではなく、日々の保育実践の意味を考えて、次のより良い実践に改善するために、どのようにすればよい保育に近づけることができるのかを考えてみましょう。

　学生のみなさんには、保育実習の最後に実習指導者と共に行う「反省会」と言われる振り返りの時間を設けてくれる園も多いかと思います。緊張の中慣れない園で実践した保育を振り返る大切な時間です。多くの学生のみなさんは、実習指導の保育者を前に一所懸命に保育を実践した内容より、実践し

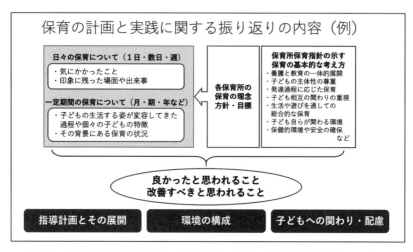

図 7-1　保育の計画と実践に関する振り返りの内容（例）（厚生労働省，2020）

たことへの反省を報告する場面を見ます。決して、反省が必要ないと言っているわけではありません。単なる反省にとどまらず、「もっと、このような実践をすることによって理想とする保育につなぐことができるのではないか」と、考えてみることが必要ではないでしょうか。

　「保育所における自己評価ガイドライン」（厚生労働省，2020）では、「保育の計画と実践に関する振り返りの内容（例)」が示されています（図7-1参照）。

　保育者による保育の振り返りは、記録を書いたり、保護者に子どもの園生活について伝えたり、保育者間で子どもの情報を共有したりする日常の様々な場面で行われています。その際、保育者は、一人ひとりの子どもたちの発達や保育内容を考察し、良かったと思われることや改善すべきことを保育者間で共有し、次の質の高い保育につないでいきます。この振り返りは、明らかに自己評価の一部であり、すべての子どもたちの豊かで健やかな育ちに資する保育の質の確保・向上につながるのではないでしょうか。

2節　保育者が行う「保育の評価」の実際

1．子ども理解と評価の必要性について

　私たち保育者は、常に子どものことを知りたいと思っています。子どもが好きな遊びや興味のあること、友達とのこと、心の中で何を考えているのか、なぜそのような言動をするのか、子ども特有の心の内面を理解したいと望んでいます。そのような私たちの願いの一番の土台にあるものは、子どもを大切な存在であり、愛おしく、人としての尊敬の念を持って関わる子ども観が根底にあるためです。

　そして、保育者やこれから保育者を目指そうとしている学生のみなさんは、保育の専門家として、指導性を持って行うことが要求されています。それらの根拠となる箇所は次の通りです。

> 幼稚園における指導は、幼児理解に基づく指導計画の作成、環境の構成と活動の展開、幼児の活動に沿った必要な援助、反省や評価に基づいた新たな指導計画の作成といった循環の中で行われるものである。
>
> （文部科学省，2013）
>
> 保育における評価は、このような指導の過程の全体に対して行われるものである。この場合の評価は幼児の発達の理解と教師の指導の改善という両面から行うことが大切である。　　　　　　　　（文部科学省，2018）

　このように、子どもとの日々の関わりから、保育者は子どもの姿がどのように変わっていくのかを把握します。そして、成長を遂げていく過程を捉えながら、自分の指導と実践が適切であるかを振り返り、検討し評価を行い、また次の計画と保育実践に臨みます。この一連の流れは、本書第 3 章 3 節の PDCA サイクルによる保育の過程に詳しく書かれています。

2. 保育における評価とは：よりよい保育と子どもの明日へつなげるために

　それでは、保育を評価するためにはどのような視点が必要なのかを考えていきましょう。

(1) 子どもを「事実」と「心の内面」の両方からみることから

　保育者が子どもを観察する際に、保育者の目で見ることのできる子どもの姿を「事実」として、メモしてみましょう。次に、その事実から「子どもの内面」を読み取ってみましょう。

> **事例**　A児の様子（年少児クラス・7月11日（月）晴）
>
> ● **事実**　シャボン玉遊びをしている時、B児とけんかになった。B児が手に持っていたシャボン玉液を、A児も使いたいと言ってお互いが主張していた。
> ● **子どもの内面**　A児はB児のシャボン玉液を使いたかったが、「貸して」が言えなかったようだ。

　これにより、何が事実として起きたことなのか、何が子どもの内面なのかがそれぞれ区別され、明確になることがポイントです。この事例のように、子どもの内面をほぼ確実に考察できる場合もありますが、そうでないケースもあります。その場合には、保育者の推測や予想でもかまいません。

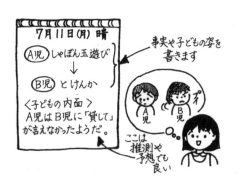

138

(2) 言動が目立つ子どもだけでなく、どの子どもにも平等に気を配ること

クラス担任の保育者になると、クラスの中で言動が目立つ子どもがいます。特に、子ども同士のいざこざを起こしやすい子ども、保育者が特別に配慮をする必要のある子どもは、常に保育者の関心の対象になりがちです。

その反面、保育者の関心から外れている子どもがいます。そのような子どもの特徴として、自分からは保育者に積極的に自己主張をしない（できない）、友達とのいざこざはなく、感情の起伏が表面上見られない、保育者の援助がなくても身の回りの生活面をおおよそ済ますことができる子どもが考えられます。端から見ると、その子どもは「お利口さん」に映ってしまう危惧さえあるのです。しかし保育者は、子どもがどのような気質や特徴を持っているかにかかわらず、個々の子どもの願いや、やってみたい遊び、友達との関係で何が課題になっているのか等を常に念頭に置いて、どの子どもに対しても平等に気を配って保育を行う必要があります。

(3) 園生活において育みたい資質・能力および「幼児期の終わりまでに育ってほしい姿」を踏まえた子どもの育ちを考える

「幼稚園教育要領」「幼保連携型認定こども園教育・保育要領」「保育所保育指針」では、園生活を通じて育みたい資質・能力の3つの柱として、「知識及び技能の基礎」「思考力・判断力・表現力等の基礎」「学びに向かう力・人間性等」があります。それから、「幼児期の終わりまでに育ってほしい姿」として5領域の内容を10に整理したものがあります。「幼児期の終わりまでに育ってほしい姿」が到達すべき目標ではないことや、個別に取り出されて指導されるものではないことに十分留意する必要があることについて述べられています。これは、子どもたちが園での遊びや生活を通して発達していく過程や、日々積み重ねられていく経験が大切だということを示しています。言い換えれば、目に見える結果だけで子どもを評価しないということです。

小学校入学時に、1年生の担任が知りたいことは、個々の子どもが「何が

できて何ができないのか」ということであると言われます。例えば、C児は教室でみんなと同じように椅子に座って先生の話を聞くことができるのか、D児は給食を残さずに食べることができるのか等、できるかできないのか知りたいとのことです。集団生活を基本にした小学校生活では、先生の気持ちとして当然のことでもあります。それに対して、子どもを小学校に送り出す園の保育者は、「C児は園生活で先生の話が聞けるようになるために、このような葛藤や変容、成長があった」「D児は給食の時にこのような育ちが見られた」ということを伝えたいと考えています。

　幼稚園教育と小学校教育の円滑な接続を図るためにも、「幼児期の終わりまでに育ってほしい姿」に照らし合わせて、これまでの子どもの育ちを伝えていくことが保育者に求められます。

3. 評価の実際：事例からの検討

　次の事例は、かくれんぼ遊びをする年少クラスでのお話です。年少クラスや、さらに低い年齢の子どもを担当したことのある保育者ならば、簡単に子どもの気持ちや状況が理解できると思います。子どもの気持ちを理解しながら、なぜ評価と改善が必要かを一緒に考えてみましょう。

事 例　**かくれんぼ遊び**（年少児クラス・6月）

　● ねらい：かくれんぼ遊びのルールを知り、友達と役割を楽しむ

　保育者2年目の花子先生は初めて年少クラスの担任になりました。子どもたちから「かくれんぼをして遊びたい」と提案があり、5～6人の子どもたちが花子先生の周りに集まってきました。花子先生が鬼役になり、目をつぶって10数えます。その間に子どもたちは場所を探して隠れました。

　「もういいかい～？」「もういいよ～！」の掛け声の後、花子先生は子

どもたちを見つけようとキョロキョロしました。すると、園庭の植栽の陰から子どもたちが自ら姿を現して、嬉しそうな面持ちで花子先生の前に出てきました。驚きのあまり花子先生は「えっ、みんな出てきちゃったの？　先生が見つけるまではみんなは隠れているんだよ」と言いました。しかし、子どもたちは笑顔で「わーい、花子先生〜！」と近寄ってきます。花子先生は一体何が起きているのか、子どもの気持ちや状況がわからず、ぼう然としてしまいました。

　この実践を、先に述べた幼児の発達の理解と保育者の指導の改善という両面から評価してみましょう。

　花子先生は、「鬼が隠れている子どもを見つける（子どもは見つけられるまでは隠れている）」という、基本的なかくれんぼ遊びを想定していました。ところが子どもたちは予想に反して、10 数えた後で自ら隠れていた場所から出てきて、先生の顔を見ることに楽しさや面白さを感じていたのです。年少クラスの 6 月の時期、子どもたちはこのような発達であったという理解につながります。かくれんぼ遊びに対しての、子どもたちの経験や知識が未熟ということではなく、この時期の自然な子どもの姿として捉えてみましょう。それにより、保育者は子どもが今を精一杯生きている愛おしい存在として共感し、共に遊びを創り上げる共同作業者としての役割を果たすのです。

　次に、保育者の指導の改善の面ではどうでしょうか。保育者の指導の在り方や方法は、指導案のねらいに立ち返って評価をします。花子先生の立てたねらいは、年少児のこの時期の子どもにとって、かくれんぼのルールを知ることや、友達と役割を楽しむことは、子どもの実態に合致していませんでした。これらの反省と省察から、翌日はねらいを変更し、「かくれんぼ遊びで、先生や友達に見つけられる楽しさを味わう」という記述が考えられます。

　このように、保育者が意図した遊びや活動が予想外の方向に進んだり、子どもが興味を示さなかったりすることもあります。幼児の発達の理解と保育

141

者の指導の改善という両面から考えていきましょう。

1. はじめに

　保育所は児童福祉法に定められた福祉事業を営む児童福祉施設であり、保育所もまた他の多くの社会福祉施設の場合と同様に、第三者評価を受けなければなりません。保育所に対する第三者評価は、厚生労働省が定めた「保育所版の『福祉サービス第三者評価基準ガイドラインにおける各評価項目の判断基準に関するガイドライン』及び『福祉サービス内容評価基準ガイドライン』等について」に基づいて行われます。

　本節では、第三者評価の意味や意義を理解し、その仕組みをより詳しく学ぶために、同じく児童福祉施設である社会的養護施設での第三者評価に基づいて考えてみましょう。

　社会福祉法（昭和26年法律第45号）第78条第1項では、「社会福祉事業の経営者は、自らその提供する福祉サービスの質の評価を行うことその他の措置を講ずることにより、常に福祉サービスを受ける者の立場に立って良質かつ適切な福祉サービスを提供するよう努めなければならない」としています。福祉サービス第三者評価事業は、これに基づいています。本節では2018年改訂に基づき、第三者評価の仕組みについて記します。なお、制度の詳細については、厚生労働省（2018）を参照しましょう。

　第三者評価とは、専門家による第三者的な視点での評価を通して、組織内だけでは気づかない課題を発見し、提供されるサービスの向上を目的として実施されるものです。また、サービスの質に関する第三者からの指摘を公表することで、社会的な責務を果たし、積極的な姿勢を対外的に示せるという

インセンティブを持っています。したがって第三者評価は、他の事業者と点数を競い合い優劣をつけ、序列化をもたらすことが目的ではありません。良い点や課題を第三者から指摘してもらい、それをマネジメントに組み入れることで、将来にわたる利用者の QOL の改善につなげます。

　第三者評価は、政府や自治体が実施する指導監督とは異なります。指導監督では法令が守られているかどうかに力点が置かれていますが、第三者評価では法令の順守はあくまでも前提で、より自発的なサービス向上のために評価が行われます。また、第三者評価では 3 年に 1 回の実施が求められていて、絶えず質の向上を図ることができるという利点もあります。

2. 福祉事業と第三者評価

(1) 第三者評価の種類

　福祉事業における第三者評価は、社会福祉事業共通の評価と、社会的養護関係施設についての評価に分けられます。前者は任意の努力義務です。他方で、乳児院や母子生活支援施設、児童養護施設、児童心理治療施設といった措置などに基づく施設には、定期的な第三者評価とその結果の公表が義務付けられています。これは、「児童福祉施設の設備及び運営に関する基準」(昭和 23 年厚生省令第 63 号) によります。なぜなら、「子どもが施設を選ぶ仕組みでない措置制度」であること、「施設長による親権代行等の規定」もあること、したがって施設運営の質の向上を図ることが常に求められているからです。本節では、児童養護施設に関する第三者評価について主に扱うことにしたいと思います。

　第三者評価のイメージは図 7-2 の通りで、全体のプロセスには、3 か月から半年かかります。評価は、第三者評価だけではありません。その前に、自己評価や利用者調査も併せて行われ、事前資料なども用いた上で訪問調査が実施されるというプロセスです。こうした調査や自己評価は施設経営者だけ

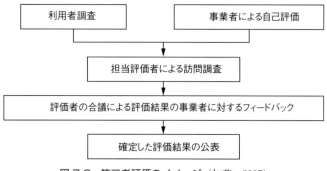

図 7-2　第三者評価のイメージ（加藤，2007）

でなく、職員がともに内省的な振り返りを行い、すべきこと、できていること、できないことを自覚的に洗い出します。また利用者調査に関しては、児童養護施設の場合、「子どもがどのように感じているかを把握することが目的」（厚生労働省，2018）であり、満足度調査ではありません。子どもの声を尊重しマネジメントに反映して、支援の質を高めることが目指されています。

　訪問調査では、評価調査者2名以上が1.5日以上の調査を実施します。主に施設見学、施設長や職員へのインタビュー、書類の確認等が行われます。その後、施設とのフォローアップのやりとりを経て、評価機関により結果が公表されます。評価機関は結果を全国推進組織と都道府県推進組織に提出しますが、全国推進組織の結果公表に併せて、都道府県推進組織においてもこれが公表されます。

　社会的養護関係施設は3年に1回以上、第三者評価を受けなければなりません。自己評価は毎年の実施が求められています。

（2）推進体制

　第三者評価の推進を図る統括をするのは、全国推進組織としての全国社会福祉協議会です。全国推進組織は第三者評価の普及、および第三者評価基準等委員会を設置し、第三者評価機関認証ガイドラインや第三者評価基準ガ

イドラインなどを作成することです。また、各都道府県にも推進組織があり、第三者評価機関認証委員会などを設置し、評価機関を認証したり、評価調査者の研修を実施したりします。都道府県推進組織は、その多く（32 府県）が行政であり、社協、社団法人、財団法人が担うこともあります。

(3) 第三者評価機関認証要件

2018 年に通達された「社会的養護関係施設における第三者評価及び自己評価の実施について」によると、社会的養護関係施設第三者評価機関は、一定以上の広域にまたがる評価実績を積むことが必要であるとされています。全国共通の「社会的養護関係施設第三者評価機関」の認証を受けなければなりません。そのため、認証は原則として全国推進組織が行います。また、都道府県推進組織による認証もありますが、いずれの場合においても、社会的養護評価調査者研修を修了している必要があり、更新時には、一定以上の実績と評価の質が要件となっているなど、要件が課されています。

第三者評価機関になるためには、主に以下の要件があります。法人格を有していること、自ら福祉サービスを提供していないこと、推進機構が実施する研修を受講した評価調査者が 2 人以上所属していることなどです。加えて、所属する機構の評価調査者の一覧、事業内容に関する規程、第三者評価の手法に関する規程、評価事業の実績、苦情対応の体制といった情報を公開している必要があります。

評価機関の認証は、基本的に 3 年間有効です。認証の更新時には、研究の受講や一定数の評価実績が求められます。このように評価機関は、評価機関としての責任と、研修を通じた評価機関としての質の維持が常に求められています。認証開始から 2019 年 3 月までで、福祉サービスにおける第三者評価機関の認証数の合計は 815 となっていますが、辞退や取り消しを除くとその数は 405 となります（全国社会福祉協議会，2019）。

（4）評価調査者の要件

　評価調査者になるためには、いくつかの要件を満たさなければなりません。訪問調査は2名以上の評価調査者によって担当されますが、少なくとも1名は社会的養護施設評価調査者養成研修または継続研修を受講し修了している必要があります。また残り1名も、少なくとも都道府県推進組織が行う評価調査者養成研修を受講し、修了していなければなりません。

3. 第三者評価共通評価の着眼点と考え方

（1）評価基準

　評価基準を見れば、何がよい児童養護施設なのか、何が評価される要素なのかを知ることができます。評価は大きく、①養育・支援の基本方針と組織、②施設の運営管理、③適切な養育・支援の実施から構成されています。

　例えば、①については、理念、基本方針が確立・周知されているか、経営環境の変化等に適切に対応しているか、中・長期的なビジョンと計画が明確にされているか、事業計画が適切に策定されているかが評価ポイントです。②については、施設長の責任の明確化やリーダーシップの発揮、福祉人材の確保・育成計画、人事管理の体制が整備されているか、職員の就業状況の配慮や質の向上に向けた体制、専門職の研修・育成が適切に行われているか、運営の透明性の確保、地域との関係の適切化、地域の福祉向上のための取り組みを行っているかが検証されます。また③については、子どもを尊重する姿勢が明示されているか、養育・支援の実施に関する説明と同意（自己決定）が適切に行われているか、子どもの満足の向上に努めているか、子どもが意見等を述べやすい体制構築、安心・安全な養育・支援の実施のための組織的な取組、養育・支援の標準的な実施方法の確立、適切なアセスメントにより自立支援計画が策定されているか、養育・支援の実施の記録が適切に行われているかが問われます。

　保育所の場合も、この①②③の３つの観点から同様に評価されます。ただし、具体的な評価に関する設問や、どの程度達成できているかということを判断する際の具体的な「評価基準」については、保育所の特性に合わせて定められていますので、具体的な内容については WEB の関連サイト（「福祉サービス第三者評価基準ガイドラインにおける各評価項目の判断基準に関するガイドライン（保育所版）」）などで確認してみましょう。

（2）評価結果

　では、実際の評価結果を見てみましょう。公表されるデータは多岐にわたりますが、社会的養護関係施設では、第三者評価機関名、理念や特徴的な取り組みなどの施設情報、第三者評価の受審状況、総評、評価に対する施設のコメント、a、b、c の３段階からなる第三者評価結果です。

　a を１点、b を２点、c を３点として、220 の施設を、評価者の評価が高い項目と低い項目について調べてみました。こうすることで、第三者評価という観点から、児童養護施設においてどの項目の達成度が高いのか、あるいは低いのかが理解できます。

　最も評価が低かった３項目は、「事業計画は、子どもや保護者等に周知され、理解を促している（平均2.17点）」「職員一人ひとりの育成に向けた取組を行っている（平均1.92点）」「総合的な人事管理が行われている（平均1.89点）」でした。これらは、理念・基本方針に関する項目と施設の運営管理に関する項目であり、現場というよりもマネジメントに起因しているといってもよいでしょう。

　逆に高いのは、「衣類が十分に確保され、子どもが衣習慣を習得し、衣服を通じて適切に自己表現できるように支援している（平均1.19点）」「おいしく楽しみながら食事ができるように工夫している（平均1.22点）」「子どものそれまでの生活とのつながりを重視し、不安の軽減を図りながら移行期の支援を行っている（平均1.29点）」です。これらは養育・支援の質の確保

や子どもの権利擁護、最善の利益に向けた養育・支援といった、具体的な現場での支援項目と言ってよいと考えられます。つまり、相対的に高評価を得ているのは現場の具体的な支援ですが、マネジメントについては概して評価が低いという結果となっています。

(3) 第三者評価の問題点

なお、第三者評価の問題点も指摘しておきましょう。1つは、標準化された評価基準とはいえ、調査者によって評価が異なるであろうことがマニュアルにも記載されている点です。また、公表される評価のコメントが必ずしも生産的でない場合もあります。bやc評価でありながら、肯定的なコメントのみが記載されている場合は、評価書を読む人や施設側からするとどのような課題があるのかがわかりません。こうしたケースでは、恣意的な評価になる恐れがあります。評価者の質の向上もさることながら、全国推進組織や都道府県推進組織によるコメントのチェック体制の強化も必要になると考えられます。

また、第三者評価は自己評価、利用者による評価、担当評価者による調査から構成されますが、これは質の改善に向けた契機であって、結果ではありません。PDCAサイクルに基づいた改善のためのプロセスとして捉えなければ、第三者評価を十分に活かすことができないでしょう。

■ 引用・参考文献 ─────

加藤浩之（2007）「ふくしのスキルアップ講座報告」
　　http://hcrjapan.org/hcrnews/pdf/2008_04/p2.pdf（2021年3月14日閲覧）
厚生労働省（2014）「利用者調査の実施方法（母子生活支援施設）」
　　https://www.mhlw.go.jp/file/06-Seisakujouhou-11900000-Koyoukintoujidoukateikyo
　　ku/0000080628.pdf（2021年3月14日閲覧）
厚生労働省（2014）「福祉サービス第三者評価機関認証ガイドライン」
　　http://www.shakyo-hyouka.net/sisin/data/sys-11.pdf（2021年3月15日閲覧）

厚生労働省（2017）保育所保育指針　フレーベル館
厚生労働省（2018）保育所保育指針解説　フレーベル館
厚生労働省（2018）「社会的養護の第三者評価について」
　　https://www.mhlw.go.jp/stf/seisakunitsuite/bunya/kodomo/kodomo_kosodate/
　　syakaiteki_yougo/03.html（2021 年 3 月 14 日閲覧）
厚生労働省（2020）「保育所における自己評価ガイドライン（2020 年改訂版）」
　　https://www.mhlw.go.jp/content/000609915.pdf（2021 年 2 月 13 日閲覧）
文部科学省（2013）幼稚園教育指導資料 第 5 集：指導と評価に生かす記録　チャイルド本社
文部科学省（2017）幼稚園教育要領　フレーベル館
文部科学省（2018）幼稚園教育要領解説　フレーベル館
文部科学省（2019）幼児理解に基づいた評価　チャイルド本社
内閣府・文部科学省・厚生労働省（2018）幼保連携型認定こども園教育・保育要領解説　フレー
　　ベル館
大竹節子・岩城眞佐子・坂場美枝子（2018）誰でもたのしく書ける！まるわかり保育の記録
　　ひかりのくに
佐藤哲也（編）（2018）子どもの心によりそう保育・教育課程論〈改訂版〉　福村出版
全国社会福祉協議会（2019）「第三者評価機関の認証数」
　　http://www.shakyo-hyouka.net/sisin/data/sya_c26_2019.pdf（2021 年 3 月 15 日閲覧）

第 **8** 章

保育の計画に基づく指導案

この章のポイント・・・・・・・・・・・・・・・・・・・・・・・・・・・・

● 子ども理解から始まる指導案作成の方法を学ぶ。

● 指導案作成のポイントを理解する。

● 指導案構想のための配慮する点を考える。

・・・

　保育は、保育者の「ねがい（ねらい）」と、日々保育の中で展開する「保育内容」とが「見通し（計画）」を持って行われています。この章では、保育所ごとで掲げる保育理念をもとに、月年齢に合った保育の目的を決め、目的を達成するための手段や方法をまとめた「保育の計画」の一つ、指導案（保育案）の作成について解説します。

　指導案には、保育を実施する上で、事前に考えておくべきことを計画の中に盛り込みます。保育者を目指すみなさんが行う保育実習では、学生であっても指導案を立てます。実習では、配属クラスの担任に代わり保育時間の半日や1日を任される責任実習や、保育時間の一部分を担当する部分実習を経験します。実習先の運営理念や方針等に基づいた中で、実習を経験することになるため、子どもたちの育ちや、普段の生活の流れを意識した1日（半日）実習指導案や、部分実習指導案等の指導案作成に臨むために、しっかりとした力量を身につけておく必要があります。

　指導案の書き方は、各養成校や園で様々なフォーマットがあり、作成方法も異なりますが、時系列に沿って、「環境構成・準備物」「予想される子どもの活動」「保育者の援助および配慮」で構成されている基本的な形式（表8-1）を参考に作成方法を見ていきましょう。

1. 子どもの姿

(1) 保育者の子ども理解

　現在の子どもの姿を考えずして立案できるものではありません。子どもを深く理解することこそが立案の土台となります。保育は、子ども理解から始まるとも言いますが、保育におけるあらゆる営みの基本となるものです。

表8-1　指導案（見本）

実習生氏名		担当保育者	
日時・天候	年　　月　　日　　（　　）		
クラス	組　　歳児　　男児　名　女児　名　計　名		
活動名			
子どもの姿	活動日の前日までの子どもの姿をしっかりと観察し、3つ程度書いてみましょう。活動名・子どもの姿・ねらい内容を関連づけましょう。		
ねらい・内容	部分実習では、クラスの子ども全員が達成できるねらいを設定しましょう。保育所保育指針では、「育みたい資質・能力」をねらいのヒントとして大切にしています。		

時間	環境構成・準備物	予想される子どもの活動	保育者の援助および配慮
＊時間を予想して具体的に書きましょう。	＊図や文章で示します。 ＊環境の構成が大きく変化する際は環境図を改めて記入しましょう。 ＊何を・どこに・何のために・どのような構成を示しましょう。	＊どのような活動をするか具体的に書きましょう。 ＊導入から実際に行う内容やまとめまでを順序立ててわかりやすく書きましょう。	＊予想される子どもの活動に応じた保育者の援助を書きましょう。援助や配慮の意図もしっかり書いておくとよいでしょう。
評価・反省	＊「ねらい」「活動の内容」「時間」「環境構成」「準備物」「子どもの活動」「保育者の援助」などの欄は、適切に計画を立てられましたか。自己評価を行いつつ反省点や次の課題を探しましょう。		

　指導案は、クラス全体に対して一斉に保育を行う際に計画を立てていきますが、子どもたちの発達過程や状況、興味・関心に合った活動で、季節や行事などを配慮して立案します。また、場面としては、遊びの活動や生活の様

子などから、クラス全体の子どもたちの姿（集団の姿）や、一人ひとりの姿（個の姿）を見ていきます。

　子どもの姿は、観察をして見たままの状況を捉える「見える姿」と、一人ひとりの子どもの内面を見る、「見えない姿」の両方の姿を見る必要があります。子どもの見えない姿を捉えるには、子どもの表面に現れる表情や言葉、動作から子どもの心にある気持ちや思いを理解しようと試みます。「子どもの姿」は、おおむねの傾向を予想して書いていきますが、子どもの見えない姿や発達を捉えるのは、難易度が高いです。子どもの姿の視点例をあげると、以下のようになります。

・集団の視点（クラスを全体的に見る）

　クラス全体を見る、友達とのつながり・集団のまとまりを見る。

・個の視点（一人ひとりを見る）

　一人ひとりの思い、性格や個性を見る。

・育ち、発達の様子（本書第2章2節の社会生活能力目安表などを参考に）

・好きな遊び、楽しむ姿、経験（興味や関心、身近な環境との関わり）

・衛生、安全、健康、基本的生活習慣（家庭での環境も含む）

・養護の視点（生命の保持および情緒の安定）

・教育の視点（保育の内容「健康・人間関係・環境・言葉・表現」、育みたい資質・能力、幼児期までに育ってほしい姿など）

(2) 適切な情報の把握

　子ども一人ひとりの興味・関心の多様さを想定することができたとしても、状況の変化が伴うことで、実際は予想した姿との差が生じることもあります。例えば、予想した子どもの姿と実際の子どもを表す姿が異なった場合、保育者が予想した子どもの姿のまま保育をしようとするあまり、実際の子どもの姿が捉えられず、一方的な関わりをすることになりかねません。

　こうしたことを避けるためにも、保育者は事前に子どもの姿を細かく、深く掘り下げて予想し、子どもたちの様々な姿を活かした保育ができるように、準備しておきましょう。

　また、子どもの実態を捉える時は、できるだけ肯定的な見方で表現しましょう。「～しない子どもがいる」など、保育者の一方的な視点で否定的な子どもの姿と捉えられる表記は避けます。

　「子どもの姿」はあくまでも予想をして書くため、計画通り同じように活動が行われていくとは限らないことを念頭に置きましょう。前日までの子どもの姿を踏まえ、子どもの行動の背景や意味を捉え、多様に生み出される子どもの姿をできるだけ多く予測して読み取ったことを、丁寧にまとめる力もつけておきましょう。

　子どもの様子を的確に捉えることは、次の「ねらい」「内容」などを設定する時にも重要となってきます。そのため、子どもの姿も当日の活動のねらいにつながる部分を選んで記入するとよいでしょう。

　子どもの姿を事前に予想していなければ、その予想された姿に応じた保育者の具体的な援助の情報も乏しくなります。結果として保育の見通しが持てなくなるため、吟味して書けるようにしましょう。

　子どもたちの生活は、一日一日が単独で存在するのではなく、連続性を持っています。子どもたちの生活や遊びの流れは、主にこれまでの経験や興味・関心が重なっていることを頭に入れておきましょう。

2. ねらいと内容の設定

　子どもの姿の理解を踏まえ、次は「ねらい」と「内容」を設定していきます。具体的なねらいや内容を設定していくには、子どもたちがどのようなことに興味を持って、どのような力を身につけているか等、子どもたちの日々の生活においての育みたい資質・能力について記します。前述の、子どもの

姿をしっかり予想することは、ここでの設定に生かされます。

　活動によって経験してほしいこと、大切にしてほしいことを具体的に示したものが「ねらい」となります。つまり「ねらい」は作成者の「ねがい」と考えるとよいでしょう。

　保育所の場合は、「保育所保育指針」に示されている「養護」と「教育」の2つの視点を持ってねらいを立てる特徴があります。養護の視点つまり「生命の保持」および「情緒の安定」と、子どもが健やかに成長することを保育者が願う「ねらい」と、設定した活動がより豊かに展開するため、教育に関わる側面「保育の内容」（乳児保育・1歳以上3歳未満児・3歳以上児の保育に関するねらいおよび内容）の視点から、子どもたちに経験してほしいことを押さえます。

　保育所では、幼稚園と比べて保育時間が長く、また0歳児からの保育を行っているため、乳児期の保育や、責任実習など1日の計画を立てる際は、主な活動のねらいだけではなく、養護の視点でもねらいを立てるとよいでしょう。それが、保育の基盤となる「養護と教育が一体となって展開される」保育につながります。

　指導案を作成する際に選んだ活動の「ねらい」を達成するために、子どもに経験してほしいことを具体的に示すものが「内容」です。

　「ねらい」を達成する方向に向かって子どもが育っていくには、子どもが具体的にどのような経験をして、何を身につけることが必要かを捉えて、具体的な「内容」を記します。この具体的な「内容」とは、子どもが経験して身につける「内容」であると同時に、保育者が保育を行う「内容」にもなります。では、指導案における具体的な「内容」は、どのように設定していけばよいのでしょうか。

　指導案における「内容」は、子どもの生活する姿を基に子どもの発達過程を見通して設定した「ねらい」に対して、子どもの活動や体験することを「内容」として設定していきます。

　子どもが一つの活動に取り組もうとする場合、その活動から得られる経験は一つではありません。活動から得る様々な経験の中でも、「ねらい」を達成するために最もふさわしい経験（資質・能力）を見出すことが重要となるため「内容」の記入もそれなりの吟味が必要となります。

2節　作成した指導案の検討（環境の構成・活動の展開と保育者の援助）

1. 指導案における環境の構成

　計画を立てようとする活動と、活動のねらいが決まったら「環境の構成」と「活動の展開」を考えていきます。

　「保育所保育指針」では「保育の環境」について、「保育の環境には、保育士等や子どもなどの人的環境、施設や遊具などの物的環境、更には自然や社会の事象などがあり、こうした人、物、場などの環境が相互に関連し合い、子どもの生活が豊かなものとなるように留意し、計画的に環境を構成し、工夫して保育しなければならない」と解説しています。

　つまり、環境の構成とは、園内の人、物、場所がいかにして子どもたちに影響を与えるかを考え、子どもたちが興味や関心を持って取り組めるようにつくることが大切であることを述べています。これを参考に、「環境の構成」を作成する際のポイントを確認しましょう。

(1) 環境の構成を考える

■ 遊びのねらいを意識する

　園では、造形遊びなどを代表する製作活動を室内の保育室で行ったり、園庭に出て固定遊具で遊んだり、時には園外に出かけることもあるなど活動場所は様々です（図 8-1 ～図 8-4 参照）。

図 8-1　ボルダリングで遊ぶ子どもたち

図 8-2　カエルを見せる子ども

図 8-3　園庭でのままごと遊び

図 8-4　ポンポンを打ち上げ花火に見立てて

　環境構成は、子どもたちが活動する遊びや生活に必要な道具・場所など、前もって準備を考える必要があります。ただ思いつきで、空いている場所や目についた遊具を使ったり、適当に道具や遊具を用意すればよいのではありません。子どもたちの視線の先のすぐにわかるところに配置し、興味を引き出したり、大人数が楽しく関われるように道具の数を増やしたりと、ねらいを達成できるような方法を計画しましょう。

　子どもの発達に応じて想定する環境構成では、子どもたちが興味や関心を持って取り組めるような環境にすることが大切になります。子どもの興味や

関心を得るためには、子どもたちが今持つ興味の先を考えたり、子どもたちのやりたいことを見据えることで、きっとヒントが生まれるでしょう。

■ 人と関わる環境の構成

　環境の構成によっては、クラスの友達や異年齢の子どもたちと関わりを持つことで、子どもは様々な感情を抱いたり、関心を持ったりしていく姿が見られます。保育では人と関わる力を育むことも大切にしているため、友達との関わりが広がるような環境の構成も意識するとよいでしょう。

　保育を行う場合は、子どもにとって魅力ある環境の構成を行うことが求められます。子どもが主体的に活動できる環境の構成を行うためには、子どもの興味・関心に応じるだけではなく、日々の子どもの生活の流れや発達の道筋に見通しを立てていくことも必要です。

　子どもたちは何に関心を持ち、何を始めようとしているのか、ふとつまずく場面などもありながらも、子どもの生活の連続性や様々な体験のつながりに配慮するとともに、今この時、この時期に何を大切にし、子どもたちの活動に注目するのか、身の回りの環境を整えながら、柔軟性を持って対応していくことが保育者の役割として重要なポイントとなります。

　また、子どもの安全と健康を守ることは保育の基本です。子どもが安心かつ、安全に過ごせる環境を整え、温かな雰囲気とのびのびとした活動ができる場所、時間、空間を保障する計画を行いましょう。

(2) 具体的な環境の構成を考え、環境図を描く

　保育室や園庭等の配置や、室内や戸外の様子は環境図で示します。その際、保育者や子どもたちの配置や、机や椅子、遊具、材料などの位置がわかるように、全体図を描きます。図の中には、目印となるもの（ピアノや棚や園庭の遊具など）を記入しておくと、環境図が示す方向や全体の位置関係が見やすくなります。

　また、活動場所を移動したり、次の活動を行うために環境を再構成したり

する場合など、環境の構成が変化する場合は、再度、環境図を描きます。さらに、材料を取り扱いやすくした製作コーナーの配置図、片付けやすいように準備した収納場所など、意図的に計画をして構成した環境については、焦点を当てて図や文章で示しておくとよいでしょう。図などの直線をひく際には、定規を使って丁寧に描きましょう。

準備物として、必要な材料や道具などを書いておきます。画用紙のサイズ、はさみやのりなどの個数も列挙しておきましょう。数は、失敗や破損などの想定外の時を考えて、少し多めの準備をしておくとよいでしょう。

具体的な環境の構成の内容（何を、どこに、どれくらい、どのようにして置くか）や、環境の構成を行った理由や意図についても記しておくとよいでしょう。

2. 活動の展開と保育者の援助

保育者は、事前に指導案を立て、子どもたちの活動の予測に沿って、環境を構成したり、保育者の援助を考えていきます。

予想される子どもの活動や保育者の援助は、必要に応じて「環境構成」欄と結合させて記入していきます。予想した環境の中でどのように遊びや生活を展開し、どのように活動するのかを予想しましょう。経験してほしい活動に対して、子どもの活動をただ羅列するだけでなく、子どもはどんな反応や表情を見せるのか、また言葉の反応があるのかを丁寧に予想して書いていきます。

活動の入口のきっかけや、どのような方法で活動を進めていくのか、次の展開にはどうつなげていくのかなど、保育の流れを意識しながら書き進めていきます。活動の流れは、大まかに分け「導入・展開・まとめ」の構成と時間の流れを意識して書きましょう。

子どもの遊びや活動・動きの予測ができたら、次は保育者として何に留意

し、いつ・どこで見守ったり、言葉をかけたり、認めたらよいのかを書きましょう。なぜその援助をするのか、援助の意図や留意点の意味も書くようにしましょう。

　子どもが自ら活動を展開していくことができるような援助内容を計画していきますが、保育者は、子どもたち一人ひとりの成長と、どのような体験を重ねて充実しているのかを把握し、それぞれの子どもへの援助を考えていくことが求められます。

3節　保育の記録および省察による保育の質の向上

　指導案を作成することに慣れていない学生や新任保育者は、「頭の中でイメージしたことをどのように文章表現したらよいのかわからない」と考えていることでしょう。読み手に配慮して良い文章を書こうとしたり、実習期間中の場合は、提出の期限に間に合わせることなどを考えていると、完成までにかなりのプレッシャーになる人もいることでしょう。

　しかし、指導案を作成するのは、他の誰のためでもなく、作成者自身がどのような保育を行いたいか、自分の行った保育を振り返るために書く意識を持つことが重要となります。

　記録・評価・反省の流れは、今後の保育の質を高めるために行うことが必要です。指導案を作成し、実践した後には、評価・反省を記入します。実践後の評価・反省は保育の質向上につながるため、評価・反省までを指導案作成と捉えて行うようにしましょう。

　指導案は日ごろの子ども理解を基にして、その都度改善していくことが求められます。日々の保育を通して子どもの内面を読み取ることや保育者の願いや意図が適切に連続しているかを知るには、保育が終わったあとの振り返

りが重要です。

　振り返りとは、自分の保育の技術に対しての評価だけではなく、明日の保育につなげるために、指導案自体を振り返る必要があります。「ねらい」や「内容」は、子ども理解から予想した発達に即したものであったか、「環境の構成」は、子どもたちが活動を楽しめることにつながったのか、「保育者の援助」の言葉やタイミングは良かったのか、うまくいった、うまくいかなかったか、それはなぜか、を整理する必要があります。

　実習生としては、実習指導の保育者の評価が一番の関心どころとなりますが、自分なりに振り返って自己評価を行うことも大切にしていただきたいです。冒頭にも述べましたが、指導案は保育の見通しを立てるものであり、立案をして実践を行った上で反省・評価を行った情報をもとに再計画を行う繰り返しの行為は、保育者を目指すあなたを育ててくれると言えるでしょう。

　最後に、指導案における各項目について、作成した内容を確認しましょう。

　指導案作成後に、改めてチェックしておくべきポイントをあげてみました（表8-2）。様式・内容・表現の項目ごとに確認をしましょう。

図8-5　ダンボールのお家で遊ぶ子ども

表 8-2　指導案作成のチェック表

〈様式〉
□ 保育者氏名、実施日時・天候、クラス名、活動名に記入もれはありませんか。
□「子どもの姿」「ねらい」「内容」「環境の構成」「予想される子どもの姿」「保育者の援助・配慮」の項目に記されている内容は、それぞれが関連した内容となっていますか。

〈子どもの姿〉
□「子どもの姿」は、肯定的な言葉での記入ができていますか。
□「子どもの姿」は、「ねらい」「内容」を導き出す文章が書けていますか。

〈ねらい・内容〉
□「ねらい」「内容」は子どもの姿と保育者の願いを捉えていますか。
□「内容」は、「ねらい」を達成するために、内面的な経験事項が書けていますか。
□「ねらい」「内容」は、子どもが主語となっていますか。
□「内容」は、ねらいを達成するために活動を通して経験してほしいことが記せていますか。

〈環境構成〉
□「環境構成」には子どもが使う材料や道具の名前、必要な数量など、活動における具体的な準備物が書かれていますか。
□「環境構成」は、その園での環境の構成のあり方を理解した上で記していますか。
□「環境構成」は、「何を・どこに・何のために・どのような構成をするか」が的確に示してありますか。
□「環境構成」は、保育者が主語となるように記していますか。
□「環境構成」に環境図を書く際、全体の位置や方向がわかるようにまとめられていますか。
□ 時間配分は適切ですか。記入もれがないように表記しましょう。

〈予想される子どもの活動〉
□「予想される子どもの活動」は、子どもが主語となっていますか。
□ 保育の導入・展開のおおまかな区切りごとで時系列になっていますか。
□ 子どもにとって、楽しめる活動内容となっていますか。
□ 子どもの月年齢や発達過程に適した内容となっていますか。
□ 何かに興味・関心を持っている様子が書かれていますか。
□ 具体的な活動の姿（遊び・生活の様子など）を捉えられていますか。
□ 全ての子どもが、活動に参加するとは限りません。活動に参加しにくい子どもの様子も予想してありますか。

〈保育者の援助・配慮〉
□「保育者の援助・配慮」は、保育者が主語となっていますか。
□ 子どもの活動に関連した援助が書いてありますか。
□ 導入部分は、子どもが興味や関心を持てる工夫がされた内容になっていますか。
□ ねらいや内容に関連した援助や配慮が書かれていますか。
□ 子どもの安全や健康に留意された内容となっていますか。
□「保育者の援助・配慮」の内容は、「ねらい」を達成するために、「環境構成」や「予想される子どもの姿」などに応じた具体的な援助・配慮内容となっていますか。
□「保育者の援助・配慮」には、具体的な援助内容だけではなく、援助の意図や思いが記されていますか。

〈表現〉
□ 環境構成図の作成、活動ごとの項目、子どもの活動と保育者の援助は行を揃えるなど、読みやすい工夫ができていますか。
□ 肯定的な言葉で表記してありますか。

■ 引用・参考文献 ──────

久富陽子（2013）幼稚園・保育所実習　指導案の考え方・立て方　萌文書林

開仁志（2014）保育指導案大百科事典　一藝社

神永直美（2018）フォトランゲージで学ぶ：子どもの育ちと実習日誌・指導計画　萌文書林

加藤敏子・岡田耕一（2019）保育の計画と評価を学ぶ　萌文書林

厚生労働省（2017）保育所保育指針　フレーベル館

厚生労働省（2018）保育所保育指針解説　フレーベル館

松村和子・近藤幹生・椛島香代（2013）教育課程・保育課程を学ぶ　ななみ書房

文部科学省（2013）指導計画の作成と保育の展開　フレーベル館

小川博久（2010）遊び保育論　萌文書林

小櫃智子・田中君枝・小山朝子・遠藤純子（2015）実習日誌・実習指導案：パーフェクトガ
　　イド　わかば社

1 　保育者の自己評価は、なぜ必要なのでしょうか。自分の考えをまとめ
てみましょう。

2 　次に示す活動場面を1つ選び、0～5歳児までの年齢、実施時期を自
由に設定して、指導案を作成しましょう。
　　・部分実習　　砂場あそび
　　・部分実習　　運動あそび
　　・部分実習　　廃材を使った工作あそび
　　・部分実習　　エプロンシアターを使った活動
　　・責任実習　　半日実習（朝の受け入れ～午睡前）

3 　完成した指導案を用いて、指導案作成のチェック表で自己点検を行っ
てみましょう。

オンライン保育実習の試み
バーチャル施設実習

　2020年、新型コロナウイルス感染拡大のため、施設実習の実施が難しくなりました。厚生労働省子ども家庭局保育課は、「実状を踏まえ実習に代えて演習又は学内実習等を実施することにより、必要な知識及び技能を修得することとして差し支えない」という通知文書を発出しました。そこで苦肉の策で編み出したのが、これから紹介する「バーチャル施設実習」です。

　実習の本体は、オンデマンド型の展開です。扱う施設種別として、児童養護施設（5日間）を中心に、乳児院・障害児施設（2日間）・児童館・自立支援センター（施設退所者のアフターケア）を設定し、様々な施設での「支援のツボ」を追体験します。教材としては、各施設のドキュメント動画・TV放送のドキュメント番組・YouTubeの関連動画サイト番組などを毎日大学のオンライン授業システムで提供し、その中でのある登場人物やあるエピソードに焦点を当てて、そこで展開できる対応や支援の実際を再構成して創作・記述するという課題を毎日設定しました。そのことでバーチャルな追体験を行わせ、それを実習記録の形で綴るという方式です。

　本来の実習でも記述させていましたが、その中からさらに焦点を絞った心に残るエピソードを記述し、エピソード考察を試みます。そして、その日の実習テーマを総括し、実習簿にまとめます。

　動画で扱う素材は、通常の実習ではめったに体験できない、職員と衝突したり、施設を旅立たなければならない「その時」の出来事であり、障害児施設の場合は、障害児福祉の祖と言われる糸賀一雄氏の思想・実践哲学が展開されているような場面です。いわば、「施設処遇のツボ」とでも言えるような状況が10日間続くので、バーチャル体験であっても中身の濃い10日間であり、実習で学びたいテーマをフォーカスすることができました。

　これと並行して、Google Meetを使った双方向Live通信で学生と会話しながら個別指導を挿入しました。学生の授業評価は悪くなかったようです。

資　料

指導案

指導案１ １歳児対象　７月「小麦粉粘土で遊ぼう」（部分実習）

実習生氏名	朝比奈未湖	担当保育者	近藤徹　先生

日時・天候	2021年7月9日（金）晴れ
クラス	ひよこ組　1歳児　男児5名　女児5名　計10名
主な活動名	小麦粉粘土で遊ぼう
本日に至るまでの子どもの姿	・自由遊びの場面では、おもちゃのボールを叩いたり、つまんだりなど、手や指を使う遊びを楽しんでいる。 ・身近なものに興味を示し、1人遊びを楽しむ姿がある。
活動のねらい	○小麦粉粘土の感触を味わいながら、粘土遊びを楽しむ

時間	環境構成・準備物	予想される子どもの活動	保育者の援助および配慮
10:00	小麦粉粘土を丸めて、アイスクリームに見立てたものを、すぐに披露できるように、準備しておく。 【準備物】 小麦粉粘土の材料 ・小麦粉1カップ ・水1カップ ・塩1/3 ・油大さじ1 ・食紅　赤・黄・緑 トレイ15枚 粘土板10枚 アイスのカップ10個 画用紙で作ったアイスのコーン10本	・保育者が並べた椅子に座る。 ・「アイスクリームのうた」に合わせて手遊びをする。 ・小麦粉粘土で作ったいろいろな色のアイスクリームに興味を示す。 ・不思議そうに見ている子どももいる。	・子どもが興味を持てるように、元気よく歌いながら手遊びを行い、歌のイメージができるよう身振り手振りで動いてみせる。 ・クラスの子どもたちの名前を入れながら手遊びをして、小麦粉粘土で作ったアイスクリームを見せて、みんなが注目しやすくする。
10:10		・小麦粉粘土で遊ぶ。 ・握ったりちぎったりつまんで遊んでいる子どもやちぎって遊んでいる子どももいる。 ・丸めた粘土を転がしたり、並べたりしている。 ・容器に入れたり、並べたりして遊んでいる。 ・触るのをためらう子どももいる。 ・保育者の真似をして、トレイの小麦粉粘土を触っている。	・あらかじめ作っておいた小麦粉粘土を乗せたトレイを机に置いて、興味を持って活動に入れるように促す。 ・子どもの前で粘土を伸ばしたりちぎったりして、興味を持てるようにする。 ・伸ばしたり丸めたりする時、様々な遊び方に関心が持てるようにする。 ・自ら触ろうとしない子どもには、興味を持てるように、「はい！どうぞ」などとつかみやすいサイズの粘土を目の前に置いて子どもの反応を確かめながら関わりを持つ。

小麦粉アレルギーを持つ子どもには手に取ることが難しい一面もあるが、代替えとして、米粉や片栗粉や寒天を使うとよいでしょう

保育を行う上で大切なのが、子どもの主体性を引き出すことです。小麦粉粘土に興味を持ち、自らの気持ちで「遊びたい！」と思えるように促しましょう

> 言葉がまだうまく話せない子どもは表情を読み取って、イメージが広がる言葉がけを行いましょう

	お手拭きタオル10枚 机×2・椅子×10 机×1（準備物を置く） 【保育室】 [配置図：○子ども ●保育者]	・「できた！」と丸めた粘土を保育者に見せる子どもがいる。 ・手の汚れを気にしている子どもがいる。	・一人ひとりの子どもの発見やつぶやきを丁寧に応答したり、共感する。 ・粘土が手につくことを嫌がる子どもには、お手拭きタオルを渡し、「おてておきれいになるよ」などと不安な気持ちを察して言葉をかける。
		・口に入れようとする子どもがいる。 ・トレイの上の小麦粉粘土に手を出し、不思議な感触や形が変わるのを確かめている。 ・保育者の真似をして、トレイの小麦粉粘土を触っている。	・誤飲がないように、一人ひとりを見ながら一緒に粘土遊びを楽しむ姿を見守る。 ・容器に入れたり出したりして、繰り返しの遊びが楽しめるように時間を十分確保する。 ・たくさんの擬態語を使って、子どもたちにわかりやすい言葉を用いて小麦粉粘土の感触を伝える。 ・器に入ったり入れたり、出したりの遊びが気に入った子どもが増えた場合は、器の数を増やす。
10:35		・カエルの絵が描いてある粘土ケースに「どうぞ」と言葉をかけて口に運ぶ動作をしている。 ○片付けをする。 ・手を拭く。	・カエルの絵が描いてある粘土ケースを出し、「カエルさんに食べさせてあげよう」などと言葉が好きをしながら、楽しく片付けられるようにする。 ・子どもたちの手を拭いたり、床や机についていた粘土をきれいに掃除したりして、気持ちよく次の活動ができるようにする。
反省及び考察	導入のアイスクリームに興味を持ってくれたことで、粘土遊びもスムーズに行えました。粘土に食紅を混ぜる場面などを子どもたちの前で実演する時間をとることで、もっとこの遊び・興味に対持てたのではないかと思いました。		

指導案 2 2歳児対象 8月「ぴょんぴょん、ぴょこぴょこ、跳んでみよう！」(部分実習)

実習生氏名	中野 知香	担当保育者	芝村 ゆり 先生

日時・天候	2021 年 8 月 2 日（月）晴れ
クラス	うさぎ組　2歳児　男児 5 名　女児 5 名　計 10 名
主な活動名	ぴょんぴょん、ぴょこぴょこ、跳んでみよう！
本日に至るまでの子どもの姿	・少し小走りのように走ることはできるが、慌ててしまいバランスを崩し、前のめりに転ぶこともある。 ・好奇心旺盛で、様々な事、モノに興味関心を強く抱くが、時に「嫌！」と反抗的な言葉や態度が見られる。
活動のねらい	○様々な遊び方に興味を持ち経験しようとする。 ○たくさんの生き物を想像しながら、お友達と一緒にいっぱいに表現することを楽しむ。

時間	環境構成・準備物	予想される子どもの活動	保育者の援助および配慮
10:00	【保育室】 ・安全面に気をつけて足元には危険なものを置かない。危険なものが落ちていないか、環境を整える。 ・ホールの窓を開け、換気をしておく。 △実習生　○子ども （配置図） 【準備物】 動物のイラストや写真	○保育者の前に座る。 ・何かが始まるか興味津々だが、落ち着きなく動き回る子どももいる。	○「先生の所に集まろうね」と声をかけ、子どもの顔色や様子を観察し、子ども一人ひとりの健康観察をする。
10:10		○「あーうさぎちゃんだ！ぴょんぴょん」などと言いながらイラストを指さし、各々の反応を見せる。中にはじっと見つめているだけの子どももいる。	○「みんな、ぴょんぴょん跳ねたり、ぴゅーんって遠くまで跳んでみる？」と声掛けをし、ウサギやカンガルーなどの跳ぶ生き物知ってるかな？」と問い掛けをし、ウサギやカンガルーなどの跳ぶ生き物の写真を見せる。わくわくするように話しかけたり、見せたりする。
		○活動内容を聞く。 ・すぐに、うごうき身体が動き出す子もいる。どんなふうにとんでいいのか戸惑って動けない子もいる。保育者の真似をしている子も出る。	○「好きな生き物になって跳んでみよう」と促し、「○○（生き物）はこんなふうに跳ぶんだよ」と動きを出して子どもを促すように、保育者自身も 2～3 種類の跳び方を見せ、一緒に動く。

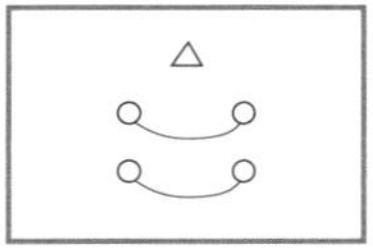

（右欄 吹き出し）

子どもの育ちや興味・関心を理解して援助しましょう

子どもたちに跳ぶ生き物に興味を持たせることが大切です。跳んでみたい、真似してみたいと思うような動きのある視覚的な材料（イラスト等）を使用しましょう

保育者がお手本となって、子どもたちと一緒に動きましょう。また、自分の思いをうまく言葉で伝えられない子どもの「表現したい」気持ちを、保育者が対話的に受容しましょう

安全面の配慮はしっかりと行い、その上で保育者自身も楽しむ気持ちで行うとよいでしょう

時間がかかっても身の回りのことができるように、保育者が子どもの育ちを理解した上で援助することが大切です

時間		子どもの活動	保育者の援助と留意点
		○指名された子には「こんなふうにぴょん!ってとぶんだよ」と得意げにやって見せる。	○うまく動けている子どもを見つけ「○○ちゃんはどんな生き物で跳んだの?」と問いかけて、動きを見せてもらう。喜んで見せるように、動きを褒める。 ・子ども同士がぶつかって転んだりしていないか、常に様子を注視する。
		○ほかの子も「●●ちゃんも~」と動いて自己アピールをする。 ・「カンガルーできたよ!」や「うさぎちゃんの動きもできた!」と友達と一緒の動きを楽しむ。 ○「カエルさん楽しかった」「もっとやりたい」などの声があがる。	○「●●ちゃんをみんなで真似っこしよう!」と、友達の動きを体験してみる。 ・違う跳び方にチャレンジするために、短い時間でも多くの動きの体験ができるよう、続けて違う生き物の動きを促す。 ○何が一番楽しかったか聞き、「また今度もやろうね」と次回への期待を持てるようにする。 ・跳んだり、床を転がったりした後、子どもたちの服やズボンなど解けていないか、けがをしていないかを確認する。
10:35		○片付けをする。 ○排泄をする。 ・便器に座る。 ・オムツ交換をする。	○子どもも自ら片付けることができるように、お片付けの歌を歌う。 ・トイレに行くように声をかける。 ・なるべく一人でできるように促す。 ・オムツ交換をする時は、楽しくできるように言葉かけをする。

反省及び考察

子どもたちは自分の好きな動きをしてみたり、実習生の真似をしてみたが、実習生が動きから入っていた。じっと写真を見ているだけの子どもいたが、子どもがいきいきと身体を動かすには、実習生が生き物になりきって率先して見せることも大切だと思った。最終的には生き物の跳び方を大げさにして見せると、じっと動かなかった子どもも喜んで真似をして楽しんでいた。

2歳児クラスの子どもたちは、こちらの「言葉による説明」だけでは、子どもから豊かな動きは引き出せないのだということがわかった。

171

指導案3　3歳児対象　11月「変身鬼ごっこ」（部分実習）

実習生氏名	大西　裕美	担当保育者	松田　紀子　先生

日時・天候	2021年11月26日（金）　晴れ
クラス	うさぎ組　3歳児　男児10名　女児8名　計18名
主な活動名	変身鬼ごっこ「三びきのこぶた」
本日に至るまでの子どもの姿	友達と楽しく集団遊びをする中で、ルールや約束を守って仲間意識を高めたり、自己主張をして友達とぶつかったりしながら、友達の思いを想像しようとする姿も見られる。
活動のねらい	○遊びのルールの大切さに気づき、守ろうとする。 ○友達と楽しく追いかけっこをすることで、より仲間意識を高める。 ○変身して逃げることで、お話の世界を自分なりに表現して楽しむ。

時間	環境構成・準備物	予想される子どもの活動	保育者の援助および配慮
10:00	【遊戯室】薪の家、木の家、レンガの家ができるスペースを作る。 （図：薪の家／安全な場所／テーブル／木の家／レンガの家） ●保育者　○子ども 【準備物】 ・「三びきのこぶた」の絵本 ・3つの家の絵 ・テーマ・子ブタとオオカミのお面 ・魔法用のステッキ	○保育者の周りに集まる。 ・「三びきのこぶた」の絵本を見る。 ・変身鬼ごっこ「チブタとオオカミ」について保育者に質問したりする。 ・子ブタになってオオカミから逃げる練習をする。 ・時計と反対回りに逃げる練習をする。	・準備物や遊戯室のスペースは、危険物を排除し、場所の確保や安全を確認する。 ・変身鬼ごっこのこの遊びのルール（友達を押してはいけないこと、一方通行であること、各家には5人しか入れないこと）を楽しく大きな身振りでしっかりと伝える。 ・ルールを把握できない子どもに配慮し、必要に応じて援助する。
10:15		○変身鬼ごっこをする。 ・魔法用のステッキを振り、「チチンプイプイ」と唱えて、子ブタに変身する。 ・それぞれの家の子ブタの特徴を表現する。 ・子どもはチブタになってオオカミから先に逃げる。	・絵本とお話の世界を膨らませるため、子ブタの特徴（泣き声、歩き方、走り方など）について言葉かけし、子どもがチブタをイメージできるようにする。 ・子どもが逃げている間保育者は、ゆっくり10を数えて、「お腹がペコペコ、ガオ〜」「子ブタのように逃げるんだよ」と声をかける。

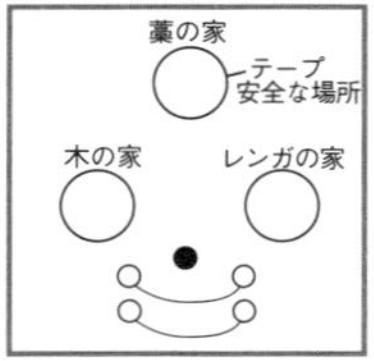

（右側コメント欄）

3歳児は、集団遊びのルールの理解には月齢や経験などからかなり差があると考えられ、一人ひとりの集団遊びの理解程度を観察しておくことが大切です。部分実習をする以前から、日頃の活動を通して、ひとりの集団遊びの理解程度を観察しておくことが大切です。

3歳児の場合、特に全体を把握できる言葉がけでは、ルールを把握できない子どもがいるだろうことを想定しておくことが大切です。

172

［吹き出しコメント］

・捕まって応援団席に行くと、他の友達の応援をしていない子どもが、他のことを始めたり立ち歩いたりしてしまう可能性があります。応援団席にいる時間は長くならないように配慮することが大切です

・みんなで逃げるということが楽しいと思えるなら他の動物に変身するよりも、「子ぶたとオオカミ」で繰り返す方が遊びの流れを止めません

・3歳から4歳前半くらいまではみんなで一緒に逃げるという活動でも十分楽しめるのではないかと思います

時間	環境構成	予想される子どもの活動	保育者の援助・配慮
10:35	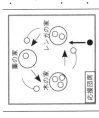 ・鬼の家／木の家／レンガの家／応援団席 ・ネズミの巣穴の絵／巣穴／応援団席	・決められた場所内をオオカミから逃げ回る。 ・捕まった子どもは、応援団席に座る。 ・応援団席の子どもは、逃げずに友達を応援する。 ・捕まらずに逃げ切った子どもに「頑張ったね」と拍手をする。 ・次はどんなものに変身してみたいかを考える。 ○「ネズミとネコ」をする。 ・魔法使いのステッキを振り、「チチンプイプイ」と唱えて、ネコに変身する。 ・決められた場所内をネコ（保育者）から逃げ回る。 ・捕まった子どもは、応援団席に座る。 ・捕まらずに逃げ切った友達に「頑張ったね」と拍手をする。 ・最後にみんなで「バンザイ」をする。	・子ぶたになって逃げる練習をするときに、ルールをよく理解できていない子どもがいれば、寄り添いながら声かけをしたりして、一緒に楽しめるように配慮する。 ・捕まった子どもには、応援するような言葉かけし、逃げている子ども友達を応援するように配慮する。 ・「頑張っていたね」と拍手する。 ・次はどんなものに変身してみたいのかを考えるように配慮する。 ・子どもの遊びの世界を楽しく表現していくために、オオカミの力強さやネコの素早さを表現し、子どもがお話の世界に入りやすくする。 ・すぐに捕まらないように、子どもに周りをよく見て、しっかりと逃げるように伝える。 ・子どもの逃げきりたいという気持ちに共感する。
10:50	・保育室にはお茶とコップを用意しておく。	・手洗いうがいをする。 ・保育者の周りに集まる。 ・手洗い、うがいをして、保育室へ戻る。 ・水分補給をする。	・手洗いうがいをし、保育室に戻って水分補給をするように伝える。 ・次の活動へつながるように配慮する。
反省及び考察			「三びきのこぶた」の絵本を見た子どもたちの目が輝き、保育の導入の大切さを知った。3歳ならではは誰も最初は捕まらずに捕まるかもしれないと思ったが、みんなで一緒にオオカミに追いかけられ捕まらずに逃げ切るという活動から開始しても十分楽しめるのではないかと思ったので、捕まらずに逃げ切った子どもの変やや応援する子どもの変らの姿から、仲間意識を高めることにつながっているのを感じた。

173

指導案 4　3歳児対象　11月「手袋シアター 「いいじんぼうのゴリラ」を見る、「フルーツバスケット」をして遊ぶ」(責任実習)

実習生氏名	早田 みなみ	担当保育者	佐藤 恵美 先生
日時・天候	2021年11月12日 (金) 晴れ		
クラス	ほし組　3歳児　男児6名　女児12名　計18名		
主な活動名	手袋シアター「いいじんぼうのゴリラ」を見る、「フルーツバスケット」をして遊ぶ		
本日に至るまでの子どもの姿	木々が紅葉し、園庭で木の実や葉を拾ったり、それを使って砂場でごちそうを作ったり、坂を転がったり、自由に制作をしたりして楽しんでいる。友達と一緒に過ごすことが多くなっている近頃である。		
活動のねらい	○友達と一緒にフルーツバスケットをして遊びの楽しさを味わう。 ○果物の名前を聞き、機敏に動くことを学ぶ。		

時間	環境構成・準備物	予想される子どもの活動	保育者の援助および配慮
9:00	【準備物・園庭】 ・砂場用具 (スコップ、型 　抜き、カップ、皿、バ 　ケツ、タライ、雑巾など) ・ボール 10個 ・どんぐりの木、落葉樹 ・製作場所 (机2脚) 【準備物・保育室】 ・ままごと用具 ・制作場所 (机2脚) ・材料ワゴン (素材) 【手袋シアター】 ・手袋シアター (いいじん 　ぼうのゴリラ)	・順次登園する。 ・挨拶をする。 ・持ち物の始末をする。 ・好きな遊びをする。 ・砂場やボールで遊ぶ。 ・木の実や木の葉で遊ぶ。 ・自由に描いたり作ったりして遊ぶ。	・笑顔いっぱいの挨拶で、一人ひとりを温かく迎えながら健康状態を把握する。 ・持ち物を自分の力ででできるよう声掛けをし、できたことを共に喜ぶ。 ・子どもがやりたいという気持ちを大切に受け止め、積極的に遊びに参加できるようにする。
10:00		・遊んだことについて話し合う。 ・片付けをする。 ・朝の集いをする。 ・歌を歌う。「まつぼっくり」 ・挨拶をする。 ・おやつを食べる。	・子どもの話に耳を傾け、話して良かったと思えるような声掛けをする。 ・一生懸命片付けている姿を認め、最後まで片付けられるよう励ます。 ・明るく元気に挨拶をする。 ・個々の体調に合わせて量を調節する。
10:20		・手洗い・消毒をする。 ・排泄をする。 ・手袋シアターを見る。 「いいじんぼうのゴリラ」 ・保育者の動きを真似ながらゴリラの動きをする。	・進んで排泄できるよう声をかける。 ・「これなーんだ」と手袋シアターを出し、子どもたちに問いかける。 ・子どもたちと一緒にゴリラの動きをしながら楽しく参加できるようにする。
10:40	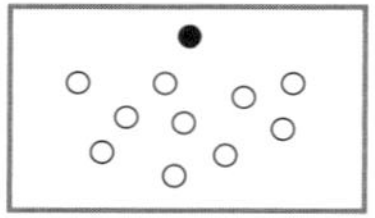 【配置図】 ●保育者　○子ども		

（右側の吹き出し注記）

これは、部分実習のねらいになります。一日の生活全体を見通して、達成することが望ましいねらいを立てています。ここでは、下記のような ねらいが望ましいでしょう
○友達と一緒に好きな遊びに取り組むことを楽しむ
○果物の名前を聞き、機敏に動きながらフルーツバスケットの遊びを楽しむ

保育者の笑顔で、一日のスタートが楽しいものになります。心を弾ませてあげることが大切です

子どもたちが好きな遊びに自発的に取り組めるよう、遊具や用具・材料など環境を整えておきましょう

保育者も遊びの中に入り、一緒に笑ったり、話したり、共感したりしながら、遊ぶことの楽しさを感じられるようにしましょう

果物が出てくる手袋シアターを取り上げたことで次のフルーツバスケットと保育の流れがスムーズに展開しますね

174

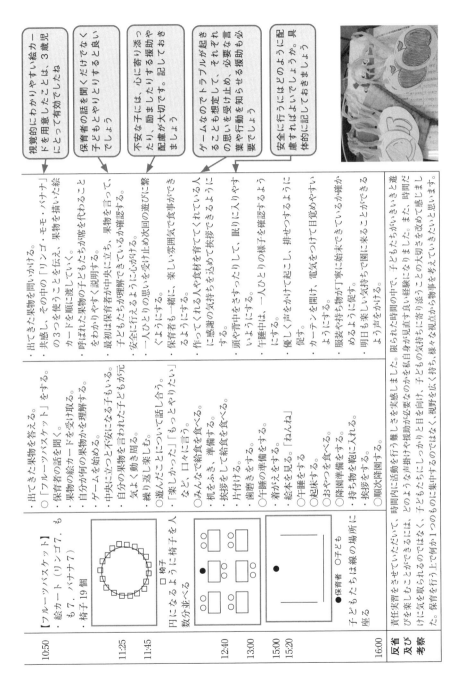

時間	環境構成	子どもの活動	保育者の援助・配慮
10:50	【フルーツバスケット】 ・絵カード（リンゴ7、モモ7、バナナ7） ・椅子19個 □椅子 円になるように椅子を人数分並べる	・出てきた果物を答える。 ○「フルーツバスケット」をする。 ・保育者の話を聞く。 ・果物の絵カードを受け取る。 ・自分が何の果物か理解する。 ・ゲームを始める。 ・中央に立つことで不安になる子もいる。 ・自分の果物を言われた子どもが元気よく動き楽しむ。 ・遊んだことについて話し合う。 ・「楽しかった」「もっとやりたい」など、口々に言う。	・出てきた果物を問いかける。 ・共感し、その中の（リンゴ・モモ・バナナ）の3つを使うことを伝え、果物を描いた絵カードを順に渡していく。 ・呼ばれた果物の子どもたちが席を代わることをわかりやすく説明する。 ・最初は保育者が中央に立ち、果物を言って、子どもたちが理解できているか確認する。 ・安全に行えるように心がける。 ・一人ひとりの思いを次回の遊びに繋げるようにする。
11:25		・みんなで給食を食べる。	・保育者も一緒に、楽しい雰囲気で食事をする。
11:45		・机を拭き、準備する。 ・挨拶をして給食を食べる。 ・片付ける。 ・歯磨きをする。	・作ってくれる人や食材を育ててくれている人に感謝の気持ちを込めて挨拶をする。
12:40	●保育者 ○子ども 子どもたちは線の場所に座る	・午睡の準備をする。 ・着がえをする。 ・絵本を見る。「ねんね」 ・午睡をする。	・頭や背中をさすったりして、眠りに入りやすいようにする。 ・午睡中は、一人ひとりの様子を確認するようにする。
13:00		・起床する。	・カーテンを開け、電気をつけて目覚めやすいようにする。 ・優しく声をかけて起こし、排泄につなげるように促す。
15:00		・おやつを食べる。	
15:20		○降園準備をする。 ・持ち物を鞄に入れる。 ・挨拶をする。	・服装や持ち物が丁寧に始末できているか確かめる。 ・明日も楽しい気持ちで園に来ることができるよう声をかける。
16:00		○順次降園する。	

反省及び考察

責任実習をさせていただいて、時間内に活動を行う難しさを実感しました。限られた時間の中で、子どもたちが生き生きと遊びを楽しむことができるには、どのような声掛けや援助が必要なのかを私自身が見直す良い経験になりました。時間をかけて取り組められるのではなく、子どもの気持ちにしっかりと目を向け、子どもに寄り添う大切さを改めて感じました。保育を行う上で何か1つのものに集中するのではなく、様々な視点から物事を広く持ち、様々な視点から物事を考えていきたいと思います。

（注釈）
- 視覚的にわかりやすい絵カードを用意したことは、3歳児にとって有効でしたね
- 保育者の話を聞くだけでなく子どもとやりとりすると良いでしょう
- 不安な子には、心に寄り添ったり、励ましたりする援助が大切です。記しておきましょう
- ゲームなどのトラブルが起きることも想定して、それぞれの思いを受け止め、必要な言葉や行動を知らせる援助も必要ですね
- 安全に行うにはどのように配慮すればよいでしょうか。具体的に記しておきましょう

175

指導案 5　4歳児対象　10月「秋のお面作り」（部分実習）

実習生氏名	森 治郎	担当保育者	松井 俊絵　先生
日時・天候	2021年10月29日（金）　晴れ		
クラス	さくら組　4歳児　男児10名　女児10名　計20名		
主な活動名	自然物「落ち葉や木の実」を使った秋の制作遊び：お面作り		
本日に至るまでの子どもの姿	・秋の歌や落ち葉拾いなどの秋に関する保育から、子どもたちの季節に対する興味や関心が高まり、友達と落ち葉や木の実を拾った秋服の調整を行うなど季節を感じる姿が認められる。 ・子どもたちは、園庭で落ち葉や木の実を拾うために集めたり、虫に触れて生物への興味を高めたり、雲や花の形からいろいろなものを連想したりして、自由に表現しようとする姿が見られる。また、時には友達のいろいろな気持ちや行動を理解しようとする姿も見られる。		
活動のねらい	○自然物「落ち葉や木の実」の色や形、香りの違いを発見し、友達と共有する。 ○共同の用具や自然物を大切に使い、友達と一緒に制作する。 ○秋の自然物からイメージを膨らませて、自分なりの表現をすることの楽しさを味わう。		

時間	環境構成・準備物	予想される子どもの活動	保育者の援助および配慮
10:00 10:10	【保育室】 （机・ピアノ・自然物・○子ども・●保育者を配した配置図） ●保育者　○子ども 【準備物】 ・落ち葉や木の実を設置〈場所〉（机1台）、落ち葉や木の実を小分けした紙皿20枚 ・制作場所（机5台、イス20脚）	○保育者の前に集まる。 ○前日の落ち葉拾いについて保育者の話を聞き、感動したことを伝え合う。 ○「どんぐり」の歌を歌う。 ○保育者のピアノの伴奏に合わせて、元気よく歌を歌う。 ○落ち葉や木の実を使って秋の制作をする。 ○前日に拾い集めた落ち葉や木の実のある机の周囲に集まる。 ○保育者の話を聞いたり、保育者に質問したりする。 ○保育者の合図で通常の4人組グループ活動の机に紙皿を持って移動する。	・落ち葉拾いへの保育で見た自然の様子や拾った落ち葉や木の実について話をし、子どもが秋を感じ、季節へ興味を持つよう伝える。 ・子どもが音楽に親しみ、元気よく歌う姿を見守り、一緒に歌う。 ・喜んで歌うことで、秋を感じられるようにし、次の制作へつなげる機会にする。 ・中央の机に落ち葉や木の実を紙皿ごとに分けて並べておく。 ・画用紙などの材料を、机ごとに見やすいように置いて準備する。 ・子どもたちが安心して話すことができるような雰囲気を作る。 ・グループ活動の机に、順番に紙皿を持って移動し、制作を始めるよう伝える。

制作に使う落ち葉や木の実は水洗いをしてしっかり乾かしておきましょう

拾ってきた落ち葉や木の実を実際にみんなに見せながら話をすると前日の活動が蘇り、話が弾みやすいです

いろいろな形や色の落ち葉を見てこんな制作ができそうかを話し合っておくと、作業に入りやすいです。イメージが湧きやすいように「お面作り」や「リース作り」などのテーマを提示して材料を準備しておくと、取り掛かりやすいと思います

お友達と話し合いをしたり、意見交換をしたりしながら発想を膨らませて制作を楽しめるような雰囲気作りを大切にしましょう

制作したものを発表する場はとても大切です。お友達の発想や工夫を知ること、作品に対する感想を聞けることで今後の意欲につながっていきます

【机ごとの材料】
・お面形の画用紙、(木工用)ボンド、はさみ、新聞紙、(水で濡らした)タオル

◇椅子 □乾燥台

ピアノ
自然物

10:40
・お面(作品)を乾かす台(乾燥台)を用意しておく。
・お茶とコップを用意しておく。

予想される子どもの活動
・お面形の画用紙に落ち葉や木の実をイメージを膨らませてボンドで塗っていく。
・園庭で拾い集めた落ち葉や木の実で話をしながら、制作を楽しむ。
・しっかりと多めのボンドを使って落ち葉や木の実をお面形の画用紙に塗る。
・材料を貸し合って使い、使い終わった用具は元の場所にきちんと返す。
・作ったお面を友達と見せ合う。
・保育者に「できた」と自分のお面への思いを伝え、表現する喜びを味わう。
・お面を自分で作ったという達成感を感じる。

・片付けをする。
・お面(作品)を乾燥台(乾燥台)まで持っていく。
・使った材料や用具をグループで協力して片付ける。
○水分補給をする。
・お茶を飲む。
・排泄を済ませる。
・手洗いうがいをする。

保育者の援助・配慮
・お面形の画用紙に落ち葉や木の実をイメージを膨らませながら、実際にボンドで材料を貼り、手本を示しながら伝える。
・好きな材料で自由に発想を膨らませながら表現できるよう、子どもに言葉がけをする。
・ボンドを使うことに慣れていない子どもには、使い方について一緒にボンドを使いながら説明をする。
・材料は貸し合って使うように伝える。
・子どもの表現意欲が満足するように援助する。
・クラスの中で、子どもの思いや作ってみての感想を交換する場を設け、思いや発見を共有する。
・すぐに飽きる子どもがいるかもしれないので、イラスト入り画用紙を用意する。

・乾燥台に置かれた個々のお面(作品)に、制作者の子どもの名前を書き、乾いたら壁面に飾る。
・各グループで使った材料や用具を協力して片付けられるよう言葉がけをする。
・片付けが終われば、お茶を飲み、排泄を済ませ、手洗いうがいをするよう言葉がけをする。

反省及び考察	制作前に子どもたちは目を輝かせてお話や歌で秋を表現しており、保育の導入の大切さを知った。制作中に子どもたちが、自分の思いやイメージを友達と話し合っていることが印象的であった。子どもたちが友達と一緒に楽しく活動に向かうことができるよう、保育者の援助や配慮についてもっと学びたいと思った。

指導案6 4歳児対象 6月「七夕飾りをつくる「折って切ってつないでみよう」」（責任実習）

実習生氏名	田中 純子	担当保育者	青木 由佳 先生
日時・天候	2021年6月24日（木）晴れ		
クラス	たんぽぽ組　4歳児　男児10名　女児10名　計20名		
主な活動名	七夕飾りをつくる。「折って切ってつないでみよう」		
本日に至るまでの子どもの姿	雨の日が多く室内での遊びの機会が増える。梅雨の晴れ間には、戸外での水遊びを楽しむが、雨の日は友達と工夫しながら室内遊びに取り組む姿が見られる。7月の七夕祭り行事に向けて、絵本や紙芝居から「七夕」の由来を学び、いろいろな素材を使って笹飾り制作を楽しんでいる。		
活動のねらい	○折って切ることでできる形の意外性を楽しむ。 ○はさみ・のりの使い方を知り、安全に制作活動に取り組む。 ○七夕を通して、夜空の月や星に興味を持つ。		

時間	環境構成・準備物	予想される子どもの活動	保育者の援助および配慮
8:30	[保育室] 机／個人ロッカーの棚 ○○○○○ ○○○○○ ● ○○○○○ ○○○○○ ●保育者　○子ども （体操をみんなでできるように間隔をとって並ぶ） ★片付けを知らせるための音楽を流す	○順次登園する。 ・出席ノートを個人ロッカーの上に置く。 ・保護者からの連絡を机のかごに出し、手洗い・うがいをする。 ・体操服に着替える。 ○自由遊びをする。	・笑顔で子どもたちを迎え、健康状態等を観察し、一人ひとりに声をかける。 ・提出された出席ノートを確認する。 ・朝の身支度や家庭からの連絡物の提出がスムーズに行えるように声をかける。 ・自由に遊ぶ子どもたちを見守りながら、順次登園する子どもを迎える。
10:00		○片付けをする。 ・遊んだおもちゃを片付ける。 ・排泄・手洗いをして、座って待つ。 ○朝の体操をする。 ・保育者と一緒に体操をする。 ・朝の歌をうたう。 ○朝の挨拶をみんなでする。 ・名前を呼ばれたら返事をする。	・片付けがスムーズに運ぶように子どもたちに声を掛けながら一緒に片付ける。 ・手洗い、うがいとつながるように、次の活動へと水分補給を伝え、配慮する。 ・体操や遊戯の違いを保育者自身も理解し見本となるように体操をする。 ・一人ひとりの顔を見ながら出席をとり、元気に返事をするように促す。
10:10			

発達段階としては、はさみが使えますが、直線切りができる個人差は大きいです。きれいに切ることよりも、安全に使用することに重点を置き、簡単な模様を一回切りでできる意外性を楽しめるとよいでしょう

お便り帳や手紙を提出する机以外の机や椅子は片付けてスペースを確保しましょう。遊びの状況を見て、制作材料や玩具を増やしたりし、環境の再構成を行いましょう

178

この活動をする以前に、「猛獣狩りに行こうよ」の遊びを経験しておくと、替え歌バージョンがスムーズに進み、子どもたちも楽しめます

子どもたちの中には、ゲームに負けることで鬼になることにこだわる子もいます。できれば最後はスッキリとした気持ちで次の活動へ移れるよう配慮をしましょう。割り切れない人数なら文章にして保育者も一緒に数えると楽しいです

手遊びの他、少しの時間を利用して楽しめる簡単な遊び、「おちたおちた」「船長さんがいいました」「やおやのおみせ」等を準備しておくと役立ちます

時間	準備物	環境構成・活動内容	保育者の援助と留意点
10:30	♪「天ノ川へいこうよ」（猛獣狩りに行こうよ）の替え歌	○保育者のピアノに合わせて歌う。 ・「にじ」「かえるのうた」「たなばた」 ○「天ノ川へいこうよ」（七夕版「猛獣狩りに行こうよ」）ゲームをする。 ・保育者を先頭に、1列に大きな円を描くように並ぶ。 ・保育者歌（かけ声）と身振りに続いて大きな声で歌いながら歩く。 ・保育者の言葉を聞いて、文字数の人数でグループを作る。 「つき」…2人で手をつないで座る。 「おりひめ」…4人で集まって座る。 ・人数がそろったら、円に戻り最初から繰り返す。	・ピアノは、子どもが歌いやすい早さや音色に配慮する。 ・「猛獣狩りに行こうよ」の（七夕版であることは、あらかじめ伝えておく）。 ・「たなばた」のお話を簡単に思い出させてから始める。 ・子どもたちが元気いっぱいゲームに参加できるように、保育者も大きな声と身振りで参加する。 ・最初は宇宙にある文字数の少ない言葉は、ゆっくり言って子どもたちが指を折って数えることを楽しめるようにする。 （つき、ほし等）にする。 ・ゲームの最後は、子ども全員がグループに入れる文字数の言葉を準備しておく。
10:50	【準備物】 ・絵本「おってきってたのしい！たなばたまつり」 ・折り紙（人数×8枚） ・黒画用紙（横：1/2に切った物グループ分、はさみ、のり、こより、のり付け紙、手拭きタオル	○七夕制作をする。 ・保育者の周りに集まる。 ・保育者から七夕飾りの話を聞く。 ・前日までに作った輪つなぎや三角つなぎを見せて話し合う。 ・絵本「おってきってたのしい！たなばたまつり」を見る。 ・折り紙を折って切って開くと、意外な形や模様ができることを楽しむ。 ・机と椅子を準備する。 ・グループに分かれて机の前に座る。	・次の活動に移る前に、排泄をするように促し、手遊び等を遊びをして待つ。 ・輪つなぎをや三角つなぎを作った時を思い出せるように、実物を見せる。 ・今日は、まだ違う「七夕飾り」のお話の絵本を折って切ればよいことを伝える。 ・自由に折って切ることの楽しさを伝える。 ・子どもたちが興味を持って見ることができるように話し見せ方を工夫する。 ・積み上げた机を下ろし、遊びやすい安全な形にして当番児と一緒に並べる。

179

指導案6　続き

のりを使って制作活動をする時は、汚れた手を一時的に拭くために濡れたタオルを用意しましょう。汚れた手を気にせずに活動が続けられます

制作活動にかかる時間は、個人差が大きく、時間差を考えて計画をたてることが大切です。早くできた子どもが手持ち無沙汰にならないような活動を準備しておきましょう

6月10日の「時の記念日」をきっかけに時間や時計の大切さを知らせ、折に触れて意識づけるとよいでしょう

時間	環境構成・準備物	予想される子どもの活動	保育者の援助および配慮
	●保育者　○子ども 色紙 箱　箱 箱　箱 道具箱のある棚 ●保育者　○子ども （色・形・折り紙の素材等、自由に作ってつなぐ） （紙を貼った天の川）	・自分のはさみ、のりを道具箱から取り出し、折り紙を選ぶ。 ・自由に折り紙を折ったたみ、好きなところを切って開いてみる。 ・いろいろに折り紙を切って開いて、切った残りの紙は箱に入れる。 ・5〜6枚作り、のり付け紙の上でつなげて保育者に名前を書いてもらう。 ・飾りができたら、箱の中に集めた切りくずをのりで貼った黒い紙に貼る。 ・グループでもらった紙を保育者につないでもらい天の川を完成させる。 ・はさみ・のりを道具箱に片付け、のり付けに使った広告紙を捨てる。	・道具箱からはさみを取り出す時は、混雑して危険がないように人数を順に行くように誘導する。 ・偶然できた作品を評価して制作活動に取り組めるようにする。 ・できた作品の上部に名前を記入し、のりがついているので、乾燥棚に置く。後日日打ちで穴をあけて、こよりを通す。 ・のりがついているので、乾燥棚に置く。 ・グループごとに黒い紙に貼った天の川をつないで長くし、七夕祭りの装飾にする。 ・手洗いとうがいの大切さを伝え、きれいに手を洗うように促す。 ・制作活動の後なので、念入りに机の上を拭く。
	〇排泄・手洗い・うがいをする。	・片付けが終わった人から排泄を済ませ手洗いとうがいをする。	
12:00	〇お弁当を食べる。 ★楽しい雰囲気の音楽を流す。 ★食後には簡単な清掃と環境整備を行い、自由に遊ぶ場所を確保する	・机の上を保育者に拭いてもらう。 ・お弁当箱と水筒を準備し席に座る。 ・お弁当の歌を歌う。 ・保育者の後に続いて、食前の挨拶をする。 ・残さずよく噛んで食べる。 ・食べ終わったら食後の挨拶をする。 ・歯磨きをする。 ・お弁当箱・椅子を片付ける。	・挨拶の言葉を先導する。 ・和やかな雰囲気で食べることを楽しめるような環境を心がける。 ・保育者は子どもが見渡せる位置に座って食事をする。 ・時計を示して、食べる時間を決める。 ・各自で食後の挨拶をして歯磨きに行くように促す。 ・遅くなっている子どもに声をかけ、頑張って食べるように促す。

時間	環境構成・準備	予想される子どもの活動	保育者の援助・配慮
12:40	★てるてる坊主制作コーナーを設ける。	○自由遊びをする。 ・てるてる坊主を作って窓辺にかける。 ・廃材を使って好きな制作をする。	・保育室内の安全に配慮しつつ、遊びが広がるように援助をしていく。 ・一緒に片付けたり、声をかけたりすることで意欲的に行動できるような雰囲気を作る。
13:30	★玩具や素材は片付けやすいように箱に分け、表示をしておく。	○片付けをする。 ・遊んだ玩具や制作材料を片付ける。 ・排泄・手洗いをする。 ○降園準備をする。 ・制服に着替え、体操服やタオル、お便り帳を通園かばんに入れ、準備が終わったら保育者の周りに集まる。	・2年保育で入園してきた子どもはまだ着替えに慣れていないため、無理なく着替えができるように援助をしていく。 ・持ち帰る荷物やお手紙を通園かばんに入れられるように声かけをし、忘れ物がないかを確認していく。
14:00	★持ち帰る出席ノート・お知らせ袋を準備する。 【準備物】 ・絵本「10ぴきのかえるのたなばたまつり」	○終わりの会をする。 ・手遊びをする。 ・友達の作品を見ながら、作った切り紙遊びの七夕飾りについて話し合う。 ・絵本を見る。 ・保育者から明日の話を聞く。	・全員が見える場所に座っていることを確認し、七夕のわくわくドキドキ感じられるように読む。 ・明日の天気が晴れたら、外で遊ぶ活動予定を伝え、てるてる坊主にお願いをしたりして楽しみに待つように誘う。
14:30		○降園をする。 ・挨拶をして、順次降園する。	・みんなで元気に降園の挨拶をした後、一人ひとりに声かけして送り出す。
反省及び考察			絵本を導入にして、新しいいつもの宝物の七夕飾りができた。はじめは、折り方や切り方がわからなかったり、折り方や切り方がわからず不安そうな子どももいたが、好きなように折ったり切ったりすることで、面白い形ができることもあがることがわかり、楽しんでくれたと思う。七夕飾りという伝統の制作活動を経験しながらも、思いがけない発見や、形にとらわれない自由な表現ができてきたのが、科学絵本の面白さだと感じた。

> 4歳児の6月はまだ降園準備にも時間がかかります。慌てて忘れ物をしたり着替えが嫌になったり、時間に余裕をなくしないように、時間に余裕を持ち、ゆったりとした気持ちで一日が終われるよう気持ちにしましょう

> 朝の視診と同様に、その日の一日が楽しく過ごせたか、体調が悪くないか、等を確認しながらスキンシップをとったり、声をかけたりしていくことが大切です

指導案7 5歳児対象 10月「影や光で遊ぶ」(部分実習)

実習生氏名	高山 桜	担当保育者	山下 芽衣子 先生
日時・天候	2021年10月8日(金) 晴れ		
クラス	うめ組　5歳児　男児9名　女児11名　計20名		
主な活動名	影や光で遊ぶ		
本日に至るまでの子どもの姿	身近な環境や自然に触れ、不思議に思ったことや発見したことを友達と伝えあったり、遊びに取り入れたりしながら様々な方法で表現することを楽しんでいる。園庭で遊んでいる時に影を見つけ、手を振ったり、足を動かしたりしてその不思議さを楽しむ姿が見られる。		
活動のねらい	○じゃんけんに合わせて、瞬間にうつりやすい姿に変身する楽しさを味わう。 ○友達と一緒に影の不思議さを美しさを楽しむ。		

時間	環境構成・準備物	予想される子どもの活動	保育者の援助および配慮
10:00	スクリーン ▲実習生　○子ども	○保育者の前に集まる。 ○ボース遊び「くまさんりすさん」をする。 ・くまさんボースとりすさんボースを真似る。 ・遊びに取り組み、勝って喜んだり、負けけて悔しがったりする。 ○影遊びをする。 ・影が河の形などを考えたり口々に答える。 「りす〜!」「くま!」と正解することを喜ぶ。 ・答えがわかると驚いたような表情をみせ、手でうつまね鳥などをつくったりしている。 ・わかった子は「ハイハイ」と一斉に手を挙げて答える。	・保育者の顔が見えるように座るよう、声をかけながら集合を促す。 ・くまさんボースとりすさんボースを説明し、実習生も一緒に遊びながら楽しく取り組めるようにする。 ・子どもたちの様子を見ながら、終了の声をかけ、どんな様子だったのかを伝え、認める声かけをする。 ・全ての遊びの前に準備を済ませておき、スムーズに遊びに入れるようにしておく。 ・はじめにくまさんりすさんのペープサートをみせる。 ・手で影絵をつくる。(きつね・わし・白鳥など) ・影になったものが何が当てってるために、形がうつるとしたものを使う。 ・わかった子がたくさんいる時には、全員一緒に言うように伝える。 ・難しそうな時には、少しヒントを加える。
10:10	スクリーン ▲実習生　○子ども		

保育者も一緒にすることで、子どもたちの活動はより楽しくなっていきますね

くまりすの影絵からはじめることは、前のボース遊びとのつながり、子どもたちはより興味を持って、取り組むことができるでしょう

昔ながらの遊びを子どもたちに伝承していくことは大事なことですね

色紙を映しても画用紙にマジックで絵を描いても、色や絵は映らず影になること、色や絵が影になるのに、形がうつる「不思議だ?」という思いに共感し、さらに試したり考えたりできるような環境を整えることが大切でしょう

子どもたちが「なぜだろう?」と困っている時にタイミングよくうっとり紙を出したことは、効果的でしたね

時間	準備物	子どもの活動・予想される姿	保育者の援助・配慮
10:30	・部屋は暗くし影が見やすいようにする。 【準備物】 ・懐中電灯、白布、紐、ウサギ・くまのシルエット、はさみ、ボール、マジック、色紙、うっとり紙(透かし折り紙)、セロファン紙、カラードタック等	・映したいものを探して映す。 ・影にしたいものを探し、映す。 ・普段見ている見方とは違う見方を楽しむ。 ○うっとり紙で作った花を見る。 ・テーブルライトに置いたうっとり紙の花を見る。	・子どもたちに影にしたいものを開き、さらに影遊びに興味が持てるように遊びを広げる。 ・影にしたものは、何だったのかがわかるように、並べておく。 ・保育者が作ったうっとり紙の花を用意し、子どものタイミングを見て出す。
10:45	・終了したら電気をつける。 【準備物】 ・テーブルライト2台 ・うっとり紙で作った花のいろいろ ・数種類の色のうっとり紙	・色の映りそうなものを予想しながらテーブルライトの上に置き「きれいだ〜」「だめだ〜」映って〜「やりたい」「やりたい」など感動の声を発する。 ・「やりたい」「やりたい」と興味を持つ。 ○遊んだことについて話し合う。	・子どもたちに影の不思議・発見を驚きに共感する。 ・楽しかったことやや不思議に思ったことを話し合い、次回の遊びにつなげるようにする。

美しい色の花を見て子どもたちはきっと感動すると思います。ライトに映し出された花の色の美しさに思わず感動の声を発するこのような姿が予想されますね。

遊んだあとに皆で話し合うと、次の遊びの意欲や課題を持たせることになりますね。

反省及び考察	影遊びでは、影にするものを手で持ってしまったため、手元が安定せず見にくくなってしまった。影にするものに棒をつけ安定させ、横から影を映すのでなく、下から映すなどの工夫が必要と感じた。遊び方の方法が1つしかなかったので影の様々な遊び方を工夫すると子どもがもっと楽しめたのではないかと感じた。

指導案8　5歳児対象　10月「ジャンケン列車」(部分実習)

実習生氏名	川原　菜々花		担当保育者	赤岩　百合子　先生
日時・天候	2021年10月28日(木)　晴れ			
クラス	ぶどう組　5歳児　男児12名　女児12名 れもん組　5歳児　男児11名　女児12名　計47名			
主な活動名	ジャンケン列車(股くぐりバージョン)　※誕生日会のお楽しみ			
本日に至るまでの子どもの姿	これまで誕生日会のお楽しみとして、日頃楽しんでいる鬼遊びやわらべうた等を取り上げてきた。子どもたちは、誕生日会の前日にはお楽しみが何かを保育者に尋ねたり、気の合う友達と予想したりして期待している姿が見られる。基本的な遊びであるジャンケン列車は、前の学年でも含めると5回は経験しており、大好きな遊びである。このジャンケン負けた列車を変化させた股くぐりバージョン(ジャンケンで負けたら後方に付く)は初めて行う活動である。			
活動のねらい	○ジャンケン列車をする中で、友達の股をくぐって遊ぶ面白さを味わう。 ○同じ列車にいる友達の先頭になり負けを持ち、喜びや悔しさを共有する。			

時間	環境構成・準備物	予想される子どもの活動	保育者の援助および配慮
10:45	【遊戯室】 椅子2脚 ピアノ ●保育者　○子ども 【準備物】 保護者用椅子2脚	○保育者の前に集まって話を聞く。 ・ジャンケン列車(股くぐりバージョン)の遊び方を聞く。 ○「ジャンケン列車(股くぐりバージョン)」をする。 ・相手を見つけてジャンケンをし、負けた方の子どもが勝った方の子どもの股をくぐって後方につながる。 ・全員が1つの列車になったら、遊戯室を1周し、誕生児の保護者の前を通ってから集まる。	・本日行う「ジャンケン列車」は「股をくぐって後ろに付く」ことが特徴であることを知らせ、活動に期待を持つことができるようにする。 ・実際に保育者と子どもがやってみせることで、遊び方を確かめられるようにする。 ・子どもたちの様子に応じて柔軟に動くことができるよう、遊び方を一緒に歌いながら行う。 ・列が長くなっていくにつれて、くぐりにくくなる面白さを感じることができるように促す。

これまで「何度も楽しんできて子どもたちが十分に親しんできたジャンケン列車だからこそ、バージョンアップさせて「負けたら股をくぐる」という普段の生活では味わいのしない動きを取り入れることで面白さを感じながら楽しめるだろうと計画しました

これまでの「ジャンケン列車」とは違う「ジャンケン列車」であることを強調し、「股をくぐる」という普段あまりしない動きを伝えたことで、子どもたちは一気に惹きつけられました

保育者の「うわあ、これは"トンネル"がせまくて通るのが難しいね」という声に子どもたちが反応し、途中から「股」ではなく「ブリッジ」や「片手」の"トンネル"を子どもたちが様々に考え出しました。当初計画した「股くぐり」ではなく子どもたちが驚くほど豊かになりその想像力に感心し、楽しくなりそのまま進めることにしました。

・腹ばいになってくぐる子ども、長い列をつくってくぐる子ども等、それぞれのくぐり方の工夫を取り上げて、くぐる面白さを感じられるようにする。

・後ろの方の子どもにも先頭の子どもがジャンケンする様子や結果が伝わりやすいよう、保育者が状況を伝えるとともに、喜びや悔しさを保育者も体全体で表すようにする。

・股をくぐる様子を振り返りながら、子どもの楽しかった思いに共感するとともに、次回の誕生日会に期待が持てるようにする。

○保育者の前に集まって話を聞く。
○保育室に戻る。

| 11:15 | | |

反省及び考察

計画していた「股くぐり」から遊び方が変わってしまった。一瞬戸惑ったが、子どもたちの想像力や保育者の予想を超えた遊びの展開を大切にしたいと考えて、そのまま続けた。保育室に戻る際、子どもたちが「まだしたい」「僕のトンネルすごかったでしょ」と声をかけてくれ、柔軟に展開してよかったと感じた。この遊びを大切にして、子どもたちが自分で遊びを生み出す楽しさが味わえるようにしていきたい。

> 自分の遊びに対する予想が足りなかったことを反省しながらも、「股くぐり」に固執せず、柔軟に子どもの姿を受け入れながら進めた。また、その日のねらいに立ち返り「くぐって遊ぶ面白さを味わう」ことを経験した子どもの姿を受け入れ、子どもの発想を認めていった自身の援助を評価しました

185

おわりに

　保育者には、全ての子どもが自らの個性を発揮すると共に、社会性を発揮できるように導くという役割があります。そのため保育者は、保育を計画し、適切な環境を用意し、子どもが充実した園生活を過ごし、個性や社会性を育むことができるように援助していかなければなりません。

　乳幼児期に子どもが個性や社会性を培うことは、子どもの一生涯にわたる人間形成において、心豊かにしなやかに生きる力の根源となるでしょう。子どもの生きる力を育む基礎を学び、保育に関する知識やその全体構造を捉えることができたなら、子どもの理解がさらに深まり、新たな保育者養成に資することになるでしょう。このような願いから、本書に着手しました。

　「保育の計画と評価」は、日々営まれている保育の全体を構成し、保育の流れを見通す指針として、踏まえておかなければならないスタンダードな基準です。また、日本の幼児教育・保育の質を確保するために、関係省庁が教育・保育の基準を「制度」として定めた内容に準拠することが、「保育の計画と評価」では求められます。さらに「保育の評価」は、その質が担保されているかどうかを、保育者や保育現場が自ら振り返るためのアセスメントポイントです。

　このような全体的な枠組み・制度や視点を熟知することはとても大事なことですが、同時に忘れてほしくないことがあります。それは「保育の主人公はあくまでも子どもたち」であるということです。また個々の子どもは、背景をなす家族・社会的な条件や、それぞれの発達的な資質などがそれぞれに異なっています。そして、私たちが実際の保育現場で保育の計画を立て、実践した保育を評価する際に、担当しているそれぞれの子どもたちに沿った、それぞれの子どもたちのためのものでなければ、設定された保育の計画や行われた保育の評価には何の意味もありません。このことを同時に深く肝に銘

じてほしいと思います。

　本書の編纂に当たっては、上に述べた2つの視点に沿った執筆を心がけました。そのために本書では、子どもの育ち全体を保育者自らが把握・理解できるように、「社会生活能力目安表」を紹介しました。個々の子どもたちの発達理解に沿った記述が本書の特色といえるでしょう。

　また、実際に保育現場で活用されている保育の計画（全体的な計画と指導計画）、保健計画、食育計画、保育所児童保育要録等を明記し、保育の広範で多様な仕事を学ぶことができるように一定の工夫を凝らしています。さらに、保育の計画に基づく保育案の作成を理解するため、学生が実習で最も困難さを感じている指導案（部分実習・責任実習）を数多く提示しました。

　本書は、保育者を目指す学生が、保育の計画と評価の基本を学修し、保育・教育実習に主体的に臨むことができることを到達点とする、学生のための教科書です。しかしそれだけでなく、現役保育者たちが折に触れて自らの保育実践を振り返る際のハンドブックとしても十分活用できると考えています。

　本書の執筆者は、保育・教育・福祉現場での実践経験が豊富であり、保育者養成校での教育・研究を続けてきた現役の実践・教育者です。全ての執筆者の願いは、本書が子どもや学生、現役保育者のためになり、少しでも保育の質の向上につながり、社会に貢献することです。

　最後に、今回の出版に際しご協力くださった、保育所や幼稚園の子どもと保護者の方々、現役保育者の先生方、執筆者への励ましと細部にわたる助言や校正などにご尽力いただいた北大路書房の若森乾也氏・大出ひすい氏に深く感謝申し上げます。

2022年1月

編　者

執筆者 (五十音順)

安里　和晃 (京都大学) ……第7章3節

麻見　公子 (京都光華女子大学) ……コラム②

荒井　庸子 (東京家政大学) ……第5章1節

伊藤　華野 (京都西山短期大学) ……第6章1節

大崎　千秋 (名古屋柳城短期大学) ……第7章1節

大森　弘子 (編者) ……第3章2節・3節、コラム③、指導案3・5、おわりに

岡村　幸代 (社会福祉法人橘福祉会橘今保育園) ……第4章3節

久保　樹里 (花園大学) ……第1章2節

後藤　紀子 (奈良保育学院) ……第8章、指導案1

後藤　由美 (東大阪大学短期大学部) ……第5章2節、指導案6

鎮　　朋子 (梅花女子大学) ……第6章2節

柴田　長生 (編者) ……はじめに、第1章1節、第2章、コラム④、おわりに

柴田　智世 (名古屋柳城短期大学) ……第7章2節

髙島　千寿 (東大阪大学附属幼稚園) ……第5章2節

田中　修敬 (就実大学) ……第4章1節・2節、指導案8

西田　明恵 (社会福祉法人福寿会登美ヶ丘マミーズ保育園) ……第8章3節、指導案4・7

馬場耕一郎 (社会福祉法人友愛福祉会おおわだ保育園) ……第6章3節

平野　知見 (京都文教大学) ……コラム①、指導案2

細川　隆史 (奈良保育学院) ……第8章1節

松尾　千俊 (関西学院大学学生活動支援機構事務部) ……第3章1節、指導案3・5

松山　　香 (社会福祉法人つわぶき園) ……第3章2節・3節

■ 挿絵 ——

伊藤　　萌 (株式会社 One Vision)

編著者紹介

柴田長生（しばた・ちょうせい）

1974 年　京都教育大学教育学部特殊教育科（発達心理学専攻）卒業

現　在　京都文教大学こども教育学部教授

■ 主著・論文

　登校拒否と家族療法（共著）　ミネルヴァ書房　1991 年

　非行と家族療法（共著）　ミネルヴァ書房　1993 年

　父親と家族療法（共著）　ミネルヴァ書房　1995 年

　子どもの社会生活能力評価について：標準化された評価尺度の試作と、知的障害児
　　　への評価から見えてきたこと　発達　106　pp.74-88　ミネルヴァ書房　2006 年

大森弘子（おおもり・ひろこ）

2019 年　兵庫教育大学大学院連合学校教育学研究科（先端課題実践開発専攻）修了

現　在　京都文教大学こども教育学部准教授（学校教育学博士）

■ 主著・論文

　教育課程・保育課程論（共著）　中央法規出版　2014 年

　保育者のための自己評価チェックリスト（共著）　萌文書林　2015 年

　保育所実習 [新版]（編著）　北大路書房　2020 年

　子育て支援に取り組む現職保育者の効力感を高める実践的試み（共著）　保育学研
　　　究　第 58 巻第 3 号　pp.1-10　2020 年

子どもの育ちを支える
保育の計画と評価

2022 年 3 月 10 日　初版第 1 刷印刷	定価はカバーに表示
2022 年 3 月 20 日　初版第 1 刷発行	してあります。

編著者　　柴　田　長　生
　　　　　大　森　弘　子

発行所　　㈱北大路書房
　　　　　〒603-8303　京都市北区紫野十二坊町 12-8
　　　　　電　話　(075) 431-0361 ㈹
　　　　　F A X　(075) 431-9393
　　　　　振　替　01050-4-2083

編集・製作　本づくり工房　T.M.H.
装　丁　　　上瀬奈緒子（綴水社）
印刷・製本　創栄図書印刷（株）

ISBN 978-4-7628-3186-7　　Printed in Japan© 2022
検印省略　落丁・乱丁本はお取替えいたします。

新 保育ライブラリ

子どもを知る／保育の内容・方法を知る／保育・福祉を知る／保育の現場を知る

■編集委員■ 民秋　言・小田　豊・栃尾　勲・無藤　隆・矢藤誠慈郎

A5 判・160 〜 230 頁・本体価格 1800 〜 2000 円

平成 29 年告示「幼稚園教育要領」「保育所保育指針」「幼保連携型認定こども園教育・保育要領」対応

保育の内容・方法を知る
保育の計画と評価

北野幸子　編著
A5 判・224 頁・本体価格 1900 円

カリキュラムの内容，その計画と評価の意義と実践の仕方を概説。記録に親しみ，記録を大いに活用できる力量を形成するために。

保育の内容・方法を知る
子どもの健康と安全

加藤則子・菅井敏行　編著
A5 判・176 頁・本体価格 1900 円

保育の場での健康と安全の推進に関する実践的内容を解説。医学や看護の知識のみならず現場の実践へ直結した知識と技能を養う。

子どもを知る
保育の心理学

藤﨑眞知代・無藤　隆　編著
A5 判・176 頁・本体価格 1900 円

子どもの発達に関する科学的知見と保育実践との繋がりを 3 部構成で論じる。個々の子どもがその子らしく生きることを支えるために。

子どもを知る
子ども家庭支援の心理学

佐久間路子・福丸由佳　編著
A5 判・160 頁・本体価格 1900 円

子どもとその家庭を包括的に捉える視点を習得するとともに子育て家庭をめぐる現代の社会的状況と課題についても理解する。

子どもを知る
子どもの理解と援助

清水益治・無藤　隆　編著
A5 判・164 頁・本体価格 1800 円

新保育士養成課程，教職課程コアカリ「幼児理解の理論及び方法」に対応。子ども理解の視点・方法と援助のあり方を解説。

保育・福祉を知る
保育者論［第 3 版］

福元真由美・笠間浩幸・柏原栄子　編著
A5 判・200 頁・本体価格 1800 円

子どもの幸せと成長に資するための保育者としてのあり方や，時代と共に変わる保育の実態にも機敏に対応できる専門性を考える。

保育・福祉を知る
子ども家庭福祉

植木信一　編著
A5 判・196 頁・本体価格 1800 円

子どもや家庭の福祉に関する動向を踏まえ，最新の情報を提供。保育者養成への活用はもとより保育者として活躍されている方にも。

保育・福祉を知る
社会的養護Ⅰ

宮﨑正宇・大月和彦・櫻井慶一　編著
A5 判・176 頁・本体価格 1800 円

改正児童福祉法や新しい社会的養育ビジョンの公表等を受け，最新の情報を加筆。施設での多様な事例も紹介。